04
Schweizer Landschaftsarchitektur
der Gegenwart

Hager Partner

04
Schweizer Landschaftsarchitektur
der Gegenwart

Hager Partner

Edition Hochparterre

Interview
6 «*Klimaneutrales Arbeiten tut nicht weh*»

Arboretum, Zürich
19 *Alpenblicke*

Unteres Seebecken, Zürich
30 *Arkadien am See*

Essay
40 *Lernen vom Park*

Kleinbasler Rheinufer, Basel
53 *Baden mit Münsterblick*

Uferpromenade Elsässerrheinweg, Basel
61 *Rhein schauen*

Treptower Park, Berlin
69 *Blumen an der Spree*

Schlossinsel Harburg, Hamburg
79 *Geschichte weiterbauen*

Helmut-Zilk-Park, Wien
89 *Aus Bahnhof wird Park*

Bahnhofplatz, St.Gallen
98 *Platz schaffen*

Villes et champs, Genf
107 *Sehnsuchtsraum*

Hinterrheinbrücke, Reichenau
115 *Bauen mit der Landschaft*

Einhausung Grosshofbrücke, Kriens
123 *Park über Verkehr*

Elbbrücken, Hamburg
129 *Ein Park, der verbindet*

Quartierpark Thurgauerstrasse, Zürich
135 *Und plötzlich diese Übersicht*

Elinor-Ostrom-Park, Wien
141 *Grüner Salon unter der Bahn*

Bahnhofplatz, Freiburg
151 *Am Brunnen vor dem Tore*

Maag-Areal, Zürich
157 *Hitzewandel*

163 *Werkverzeichnis 1986–2021*

Interview Roderick Hönig
Foto Stephan Rappo

«Klimaneutrales Arbeiten tut nicht weh»

Pascal Posset, Andreas Kotlan, Patrick Altermatt, Andreas Albrecht, Monika Schenk, Guido Hager

Eine der wichtigsten Verursacherinnen der globalen Klimakrise ist die Bauwirtschaft. Dazu gehört auch die Landschaftsarchitektur. Was kann sie, was können Landschaftsarchitekten zum bundesrätlichen Ziel ‹Netto null bis 2050› beitragen?

Patrick Altermatt Vor allem Vorbild sein – in Projekten, im Berufsalltag, aber auch privat. Etwa, indem wir Stahl oder Beton im Gartenbau hinterfragen und Alternativen präsentieren. Oder indem wir den ökologischen Fussabdruck und die Prozesse des eigenen Büros analysieren und auch unser privates Verhalten anpassen. Zusätzlich müssen wir Strategien entwickeln, um Negativemissionen zu generieren.

Andreas Albrecht Um allerdings das Netto-Null-Ziel bis 2050 zu erreichen, genügen Optimierungen nicht. Bis dahin werden wir nicht alle Gebäude oder beispielsweise alle unterirdischen Leitungen ersetzen können. Es könnte vielleicht reichen, alle Strassenbeläge klimaresilient zu erneuern, sie haben einen kürzeren Lebenszyklus.

Welches sind die grossen Hebel auf städtebaulicher und auf Projektebene?

Pascal Posset Auf Projektebene hat unser Umgang mit Ressourcen, Materialien, Wasser und dem Boden einen direkten Einfluss auf den CO_2-Verbrauch und einen indirekten auf die Hitzeentwicklung in Städten. Landschaftsarchitekten müssen sehr viele Einflussfaktoren und Wirkungsebenen miteinander vergleichen. Dabei helfen uns immer mehr digitale Tools. Wir haben etwa begonnen, mit der Planungssoftware Greenpass zu arbeiten (S.161). Sie macht die Auswirkungen von Gebäuden, von urbanen Strukturen sowie von grüner und blauer Infrastruktur sichtbar und vergleichbar. Das ist eine wichtige Entscheidungshilfe für uns, aber auch für unsere Bauherren.

Monika Schenk Dass wir Landschaftsarchitektinnen sowohl im Landschafts- als auch im Projektmassstab arbeiten, ist eine grosse Chance. Auf der Landschafts- und Siedlungsebene können wir etwa dafür sorgen, dass Kaltluftströme ungehindert in die Siedlungen fliessen. Im städtischen Umfeld spielt die Disposition der Baukörper die wichtigste Rolle. Diese optimieren wir gemeinsam mit den Architekten. Auf Projektebene beeinflussen wir das Siedlungsklima, etwa indem wir Bäume pflanzen oder Versickerungsflächen einplanen.

Andreas Kotlan Eine grosse Hebelwirkung ist allerdings nur möglich, wenn der Landschaftsarchitekt von Anfang an in das Projekt eingebunden wird. Die klimarelevanten Entscheidungen fallen oft in frühen Projektphasen.

Bei Konkurrenzverfahren verlangen Bauherren oft, dass die Architektin und der Landschaftsarchitekt sich schon in der Entwurfsphase zusammentun. Wie gelingt es, Bauherren und Architektinnen vom Lippenbekenntnis zum tatsächlich klimaneutralen Projekt zu bringen?

Guido Hager   Mit der Architektin finden wir im Gespräch einen Weg, die vielen Bedürfnisse, auch jene der Klimaneutralität, im Aussenraum bestmöglich einzubeziehen. Mehr Überzeugungsarbeit braucht es bei den Bauherrschaften. Vor allem institutionelle Anleger oder Verwaltungen sehen oft weder den Mehrwert der Landschaftsarchitektur noch den des klimaresilienten oder -neutralen Bauens. Doch das breit gewachsene Bewusstsein für diese Themen hilft uns bei der Sensibilisierung und beim Argumentieren.

Andreas Kotlan   Früher waren die klassischen Gegenargumente meist Mehrkosten oder -aufwände. Doch Entsiegelung kostet weniger als Versiegelung, und Regenwasser, das nicht abgeführt werden muss, kostet keine Einleitungsgebühren. Mit solchen Argumenten haben wir wirtschaftlich denkende Bauherrschaften schnell auf unserer Seite. Gleichzeitig treffen wir immer häufiger auf Auftraggeber einer jüngeren und damit oft klimabewussteren Generation. Da braucht es meist weniger Überzeugungsarbeit.

Andreas Albrecht   Es gibt allerdings schon Situationen, bei denen der Unterhaltsaufwand und damit die Unterhaltskosten nicht versiegelter Flächen höher sind als bei versiegelten. Da braucht es die Bereitschaft der Bauherrschaft, diese Kosten auch langfristig zu tragen.

Ist klimaneutrales Bauen günstiger?
Pascal Posset   Nein, aber intelligenter. Einfach, weil es nachhaltig ist. Klimaneutral bedeutet einen vernünftigen und bewussten Umgang mit Ressourcen. Das wiederum ist langfristig wirtschaftlich. Und viele Bauherrschaften lassen sich die positive Aussenwirkung, die klimaneutrales Bauen mit sich bringt, etwas kosten.

Guido Hager   Dieser Drang nach positiver Aussenwirkung kann bei privaten Bauherrschaften aber auch absurde Formen annehmen, etwa beim Bosco verticale, den berühmten Zwillings-Baumhochhäusern in Mailand. Sie sind ein starkes Zeichen, aber wenig ökologisch. Auch wir erhalten immer wieder Anfragen, Hochhäuser zu begrünen. Wir versuchen dann, die Diskussion auf andere Themen zu lenken, etwa auf die grüne Umgebung, die Sozialverträglichkeit oder auf Gemeinschaftsräume. Daran sollten Bauherrin, Architekt und Landschaftsarchitektin gemeinsam arbeiten.

Gehen öffentliche und private Bauherrschaften unterschiedlich mit dem Thema des klimaneutralen Bauens um?

Andreas Kotlan Ob öffentlich oder privat, ist weniger ausschlaggebend als die Person, die eine Bauherrschaft vertritt. Die Tendenz geht klar in Richtung klimaresilientes Bauen. Aber seien wir ehrlich: Es gibt immer noch genügend Bauherren, speziell unter den spekulativen Investoren, die nur die Erstellungskosten im Blick haben und die Lebenszykluskosten ausblenden.

Andreas Albrecht Bei öffentlichen Bauherrschaften hängt es stark von den lokalen baurechtlichen Vorgaben beziehungsweise den politischen Zielen ab, während bei privaten Bauherrschaften die Unternehmensphilosophie eine wichtige Rolle spielt. Sind sie bereit, in klimaneutrales Bauen zu investieren? Dabei gilt: Intelligentes klimaneutrales Bauen muss nicht teurer sein – weder in der Erstellung noch im Unterhalt. Hier und in der Überzeugungsarbeit können wir einen wichtigen Beitrag leisten.

Wie versuchen Sie, rein wirtschaftlich orientierte Anleger zu überzeugen?

Patrick Altermatt Das ist in der Tat nicht ganz einfach. Bei einem Anlegerprojekt ist der Projektverlauf unberechenbarer, weil viele Parteien beteiligt sind: der Entwickler, die Investorin, der Betreiber. Alle verfolgen unterschiedliche Ziele. Weil das Verständnis für die Klimaproblematik nicht durchgehend ist, kann es passieren, dass alle guten Ideen und hohen Ansprüche, die man zu Beginn des Projekts euphorisch hatte, im Lauf des Prozesses verloren gehen. Bei Projekten der öffentlichen Hand ist die Haltung aufgrund des politischen Auftrags viel durchgehender. Viele Städte sind Vorreiterinnen in Sachen klimaneutralem und -resilientem Bauen.

Monika Schenk Es gibt durchaus Mittel, auf institutionelle Anleger einzuwirken. Über den Gestaltungsplan etwa können Gemeinden ihre Forderungen auch in private Bauprojekte einbringen. Dieses Planungsinstrument erlaubt das Aushandeln von Mehrwerten zwischen Gemeinde und privaten Bauherrschaften. Immer öfter fordern Gemeinden klimaresiliente Aussenräume ein und erlauben Privaten dafür eine Mehrausnützung.

Die Klimajugend wirft der Generation, die heute die Fäden in der Hand hält, vor, viel zu langsam zu agieren. Geht es in der Landschaftsarchitektur zu langsam voran?

Guido Hager Schnell genug geht es nie. Aber die Langsamkeit ist eine Eigenheit der Landschaftsarchitektur. Es braucht ja nur schon fünf bis zehn Jahre, bis ein Baum angewachsen ist. Bis er seine volle Grösse und damit seine volle

Klimawirksamkeit entwickelt hat, ist mehr als ein Menschenleben vergangen. Demgegenüber stehen ganz viele Bauwerke, die kürzere Lebenszyklen haben. Nehmen wir die Tiefgarage: Nach vierzig Jahren muss die Dichtung über dem Dach ausgewechselt werden – genau dann, wenn der Baum, der darauf gepflanzt worden ist, seine volle Grösse erreicht hat. Die Unvereinbarkeit der Lebenszyklen können wir nicht ändern, aber wir können uns dafür einsetzen, dass Tiefgaragen minimiert oder bestenfalls nur unter Gebäuden gebaut werden.

Patrick Altermatt Das Kippmoment ist nicht nur in unserem Berufszweig, sondern in der ganzen Klimadiskussion noch nicht erreicht. Technisch ist bereits vieles möglich, etwa autonomes Fahren. Aber erst, wenn wir uns alle nur noch in selbstfahrende Fahrzeuge setzen, um von A nach B zu gelangen, verändert sich die Mobilität grundsätzlich. Wenn der Verkehr dann viel weniger Platz braucht, wird Platz für mehr Grünräume frei. Auch die Aufenthaltsqualität im Strassenraum kann dann verbessert werden. Der Systemwechsel braucht Zeit, aber er ist in nicht so weiter Ferne.

Monika Schenk Derzeit geht leider noch vieles in die andere Richtung. Die Autos werden immer breiter und mit ihnen die Verkehrsräume immer grösser. Dagegen können wir alleine wenig tun. Aber wir können uns auf allen Ebenen, die unsere Disziplin betreffen, einmischen und kreative Lösungen aufzeigen. Ich meine damit vor allem: Wir sollten nicht nur dann antworten, wenn wir gefragt werden.

Andreas Kotlan Unsere Antworten sind seit Jahren dieselben. Vor zwanzig Jahren wurden sie ohne weitere Diskussion vom Tisch gewischt. Heute finden wir mit den exakt gleichen Themen endlich mehr Gehör.

> *Viele Architekten glauben, dass Urbanität sich vor allem in befestigten Flächen äussert. Wie kann man sie von chaussierten, porösen oder anderen durchlässigen Belägen überzeugen?*

Guido Hager Die steinerne Stadt lebt doch gerade von ihren Gärten, den grünen Hinterhöfen und Parks! Es ist der Wechsel zwischen Grün und Stein, der die Stadt vielfältig und lebenswert macht. In diesem Sinn sind wir nicht gegen befestigte Böden und Fassaden. Vielmehr wollen wir die Architekten davon überzeugen, dass die steinerne Stadt ein grünes Gegenüber braucht. Dabei dürfen wir nicht nur mit dem Bild der klassischen Stadt arbeiten, sondern müssen auch die Agglomerationen im Blick haben – wo die meisten Menschen leben. Auch sie sind Teil unseres Arbeitsgebiets. Dazu kommen Landwirtschaftsflächen, Gewässer und Wald.

Die Klimakrise ist auch eine Krise der Biodiversität: Wie kann Landschaftsarchitektur für mehr Biodiversität sorgen?

Andreas Albrecht Der Schlüssel ist das Nebeneinander. Verschiedene Lebewesen brauchen verschiedene Lebensorte. Auch deshalb ist es wichtig, dass Grünanlagen nicht monoton bepflanzt werden.

Monika Schenk Unsere Disziplin hat sich schon immer mit Flora und Fauna beschäftigt. In der Brust jeder Landschaftsarchitektin schlägt ein Herz für Pflanzen und Tiere und eines für das Bauen. Deshalb sind wir problemlos in der Lage, diese beiden Welten unter einen Hut zu bringen.

Guido Hager Im Helmut-Zilk-Park in Wien (S.89) etwa ist es uns gelungen, den menschlichen, den pflanzlichen und den tierischen Nutzern verschiedene Zonen zuzuordnen und diese miteinander in Dialog zu setzen. Landschaftsarchitektur ist eine vernetzende Disziplin, sei es im Rahmen einer Parkgestaltung oder in Freiräumen der Agglomeration. Wenn wir über Biodiversität reden, darf der Mensch aber nicht ausgeschlossen werden. Er ist Teil des Systems – aber nicht der einzig bestimmende.

Von der Planung von Grünräumen bis zum Regenwassermanagement: Klimaneutrales Bauen verlangt viele Fachkompetenzen und die Zusammenarbeit verschiedener Disziplinen. Versteht Hager Partner sich als Generalplaner oder werden die Spezialistinnen ins Büro geholt, wenn es sie braucht?

Monika Schenk Wir sind vielfältig unterwegs. Das ist die Stärke eines grossen Büros. Wir haben eigene Bauleiterinnen, Mitarbeitende, die konzeptionell oder in der Gestaltung stärker sind, andere mit naturwissenschaftlichem Hintergrund und solche, die einmal Gärtner gelernt haben. Das ist das Schöne und auch das Spannende an unserem Beruf: Viele Wege führen in die Landschaftsarchitektur.

Patrick Altermatt Weil unser Feld sehr breit ist, achten wir darauf, uns nicht darin zu verlieren. Das Fachwissen, das es für das konkrete Projekt braucht, etwa das Pflanzenwissen, können wir im Haus abholen. Nur so können wir die Qualität der einzelnen Projekte sicherstellen. Was darüber hinaus geht, beispielsweise Soziologie oder Wasserbau, holen wir von extern dazu.

Andreas Albrecht Landschaftsarchitekten haben eine sehr breite Ausbildung. Unsere Mitarbeitenden bilden sich gezielt weiter, etwa in besagtem Regenwassermanagement oder im richtigen Einsatz von Materialien. Von diesem Wissen profitiert das ganze Büro – und auch unsere Auftraggeber.

Hager Partner arbeitet seit 2020 klimaneutral.
Was war die Motivation für die Klimazertifizierung?

Patrick Altermatt Den Ausschlag gab die Anfrage von Berliner Mitarbeitenden, ob sie am Klimastreik teilnehmen dürften. Wir liessen sie an die Demo gehen, wollten mit dem Büro aber weiter gehen und überprüften unseren ökologischen Fussabdruck. Daraus ist die Zertifizierung entstanden. Rückblickend können wir sagen: Klimaneutrales Arbeiten tut nicht weh, kostet nicht mehr, und die Technik unterstützt einen sehr dabei. Wir haben zwar noch nicht alle Punkte umgesetzt, aber dass wir durch die vielen vorgenommenen Anpassungen einen Beitrag gegen die Klimakrise leisten können, ist ein gutes Gefühl.

Pascal Posset Wir glauben daran, dass die Klimakrise zu bewältigen ist, aber wenn der Einzelne nichts dafür tut, gelingt es wohl kaum. Es gibt zwei Ebenen der Klimadiskussion: die globale, zu der die Einzelne nicht viel beitragen kann, und die lokale, auf der das eigene Verhalten massgebend ist.

Andreas Kotlan Im Rahmen der Zertifizierung haben wir unsere Prozesse hinterfragt und angepasst, und mit der ersten Ausgabe unseres Magazin zum Klima haben wir das Thema nach aussen getragen. Es ist schön zu sehen, dass die Zertifizierung sich auch nach innen auswirkt. Ich stelle bei vielen Mitarbeitenden eine grössere Sensibilisierung für Klimaresilienz fest.

Welcher Verzicht, welche Umstellung hat richtig weh getan?

Andreas Albrecht Wir mussten auf nichts verzichten, was uns weh getan hätte. Unser Verbrauch lag schon vorher im Rahmen. Die Analyse hat ergeben, dass wir nur rund einen Drittel des für ein Büro unserer Grösse prognostizierten CO_2 verbrauchten. Die Zertifizierung hat deshalb zu keinem spürbaren Bruch geführt. Ein Beispiel: Ich erinnere mich daran, dass wir schon vor vielen Jahren den Benzinverbrauch unseres Büroautos diskutierten und nach der Büro-Ente einen Büro-Cinquecento kauften.

Was bedeutet die Zertifizierung für Ihre Projekte?

Patrick Altermatt Anders als die Optimierung des Büros stellt die Umsetzung des klimaneutralen Bauens wichtige gestalterische Fragen. Ein Projekt ohne Beton oder Stahl sieht anders aus. Da müssen wir tatsächlich zwischen Klima, Gestaltung und Funktion abwägen.

Guido Hager Dem Wunschbild einer Urbanität mit versiegelten Flächen sind wir früher eher nachgekommen. Heute prüfen wir viel genauer, ob offene Flächen nicht besser sind, auch im innerstädtischen Bereich. Zudem durften früher oft wegen Leitungen im Boden keine Bäume gepflanzt werden. Das hat sich in den letzten Jahren stark verändert. Aufgrund politischer Forderungen dürfen jetzt überall Bäume stehen, auch auf oder neben Leitungen. Der Wald liegt nicht mehr vor, sondern in der Stadt.

Andreas Albrecht Auf Projektebene bin ich überzeugt, dass sich mit dem Nachdenken über Klimafragen neue Möglichkeiten auftun und neue Ideen ergeben, die letztlich zu einer Verbesserung der Projekte führen.

Inwieweit hilft die Digitalisierung dabei, die Klimakrise zu meistern?

Pascal Posset Die Digitalisierung macht beispielsweise Homeoffice möglich, was nicht nur die Mobilität reduziert, sondern den Blick vieler vermehrt auf das lenkt, was sie direkt umgibt. Das führt zu einer Neuentdeckung der Siedlungs- und Quartierräume und zu Diskussionen um deren Wirksamkeit in der Klimakrise.

Guido Hager Im Kleinen erleichtert das papierlose Büro den Arbeitsalltag ungemein – ich kann mir ein anderes Arbeiten gar nicht mehr vorstellen. Bei den Projekten helfen uns verschiedene Computertools dabei, die vielen Ansprüche an das klimaneutrale Bauen zu bündeln, was die Vermittlung gegenüber der Bauherrschaft oder den künftigen Nutzern erleichtert. Und für dieses Gespräch musste Andreas Kotlan nicht extra von Berlin nach Zürich fliegen, sondern er kann per Videotelefonie teilnehmen und mitdiskutieren.

Patrick Altermatt Wir stehen allerdings noch ganz am Anfang des Digitalisierungsprozesses. Die digitale Kette, die von der Planung bis zur Ausführung reichen sollte, ist noch längst nicht geknüpft. Hier ist noch viel mehr möglich.

Zum Schluss ein Blick in die Zukunft: Wie sieht der klimaneutrale und digitalisierte Stadtraum im Jahr 2050 aus?

Patrick Altermatt Wie gesagt: Die intelligente Steuerung von Gebäuden und Anlagen und ihr damit einhergehender ressourcenschonender Betrieb ist schon heute möglich. Die flächendeckende Einführung braucht aber noch Zeit.

Guido Hager Ich bin überzeugt, dass die Stadt nicht allein von einer smarten Funktionsweise und klimaneutralen Freiräumen lebt, sondern auch – ganz banal – von guten Nachbarschaften. Wir Landschaftsarchitekten können einen wichtigen Beitrag leisten, indem wir uns etwa für kurze Wege, gute Angebote auf Quartierebene, fussgängerfreundliche Strassen mit Aufenthaltsqualität oder eine lokale Landwirtschaft einsetzen.

Pascal Posset Der Begriff ‹klimaneutraler Stadtraum› ist zu klein gedacht. Es geht um den Dialog zwischen Landschaft und Stadt beziehungsweise Agglomeration. Und es geht um Dichte: Wie hoch und wie kompakt ist eine Stadt gebaut? Wie gestalten sich die Übergänge zwischen den einzelnen Stadtformen? Diese Fragen sind zeitlos und daher auch für die Stadt im Jahr 2050 relevant.

Andreas Albrecht Es ist wichtig, dass wir Dichte nicht nur baulich verstehen, sondern auch sozial: Der Stadtraum des Jahres 2050 muss mehr Miteinander statt Nebeneinander ermöglichen.

Monika Schenk Bei all den digitalen Errungenschaften dürfen wir die Lebensqualität nicht vergessen. Der klimaneutrale Stadtraum ist nur dann gut, wenn er ein attraktiver Lebensraum für Menschen, Pflanzen und Tiere ist.

Andreas Albrecht
Geboren 1973 in Landshut (D). Abitur. Studium der Landschaftsarchitektur an der Fachhochschule für angewandte Wissenschaften Weihenstephan-Triesdorf (D), danach Studium des Wirtschaftsingenieurwesens. Von 2009 bis 2011 Weiterbildungen an der Hochschule Luzern: CAS Projektmanager Bau, CAS Kommunikation und Führung, DAS Baumanagement. Von 1999 bis 2006 Projekt- und Bauleiter bei Wolfgang Weinzierl Landschaftsarchitekten in Ingolstadt (D). Seit 2006 Projektleiter und Kadermitglied bei der Hager Partner AG, seit 2018 Mitglied der Geschäftsleitung. Leitung des Standorts Zürich. Sein Schwerpunkt liegt in der Entwicklung und Realisierung von Freianlagen bei öffentlichen Bauten sowie von städtischen Freiräumen im Umfeld von Infrastrukturanlagen. Als ehemaliger Leistungssportler stets bestrebt, im Rahmen der Firmen- und Projektentwicklung das bestmögliche Ergebnis zu erreichen.

Patrick Altermatt
Geboren 1967 in Meilen (CH). Matura. Praktikum im Garten- und Landschaftsbau. Studium der Landschaftsarchitektur an der Hochschule Rapperswil. Seit 1993 Mitarbeiter und seit 2000 Partner bei der Hager Partner AG. 2001 Nachdiplomkurs in Projektmanagement an der Hochschule Rapperswil. 2007 Gründung der Hager International AG, 2012 Gründung der Filiale in Berlin, seit 2018 Geschäftsführer der Hager Partner AG, 2021 Gründung der Filiale in Stuttgart. Von 1998 bis 2000 Lehrauftrag an der Hochschule Rapperswil und von 2010 bis 2020 in deren Fachausschuss. Seit 2009 Mitglied des Baukollegiums Opfikon, von 2013 bis 2015 im Fachgremium Ortsbild Sarnen und seit 2019 im Fachbeirat Neuhausen am Rheinfall. Sein Schwerpunkt liegt im kreativen Entwurf und seiner einfallsreichen Art, Herausforderungen anzugehen und Lösungen zu finden. Projekte sollen vielschichtig bearbeitet werden: ökologisch, gestalterisch, funktional und nachhaltig. Die Kraft für die tägliche Arbeit holt er im eigenen Garten, umgeben von Hühnern und Rindern, zwischen Magerwiesen und Feldhecken, mit Obstbäumen und Nutzgarten. Und durch sein Hobby, die Produktion von hochwertigen Destillaten.

Guido Hager
Geboren 1958 in Uznach (CH). Ausbildung zum Landschaftsgärtner und zum Floristen. Studium der Landschaftsarchitektur am Interkantonalen Technikum Rapperswil. 1984 Gründung des Büros für Landschaftsarchitektur. Parallel dazu Assistenzstellen an der ETH Zürich. 2000 Gründung der Hager Partner AG, 2007 Gründung der Hager International AG, 2012 Gründung der Filiale in Berlin, 2021 Gründung der Filiale in Stuttgart. Von 1994 bis 2014 Projektleiter der ICOMOS-Listenerfassung historischer Gärten und Anlagen der Schweiz, von 1997 bis 2020 Konsulent der Eidgenössischen Kommission für Denkmalpflege, seit 2000 Mitglied der Architektenkammer Berlin, seit 2010 Mitglied der Akademie der Künste. Sein Schwerpunkt liegt im Entwurf und in der Gartendenkmalpflege, im Besonderen in der Weiterentwicklung von Gartendenkmälern. Die Arbeit im eigenen Garten im Verlauf der Jahreszeiten, den Glühwürmchen, Blindschleichen und Ringelnattern ein ebenso schönes Zuhause zu geben wie sich selbst und seinen Freunden, empfindet er als das grösste Glück.

Andreas Kotlan
Geboren 1967 in München (D). Fachabitur und Zivildienst. Baupraktika in Garten- und Landschaftsbaufirmen in München und Berlin. Studium der Landschaftsarchitektur an der Technischen Fachhochschule Berlin. Von 1995 bis 2003 Projekt-

leiter im Landschaftsarchitekturbüro Dagmar Gast und Thomas Leyser. Von 2003 bis 2012 Hauptprojektleiter im Büro ST raum a. Gesellschaft von Landschaftsarchitekten, Bearbeitung von nationalen und internationalen Projekten, etwa Gesamtprojektleitung der Landesgartenschau Prenzlau. Seit 2012 Neuaufbau der Berliner Filiale der Hager Partner AG als Büroleiter, seit 2016 Prokurist und seit 2018 Mitglied der Geschäftsleitung. Vorsitzender der Delegiertenversammlung des Versorgungswerkes der Architektenkammer Berlin-Brandenburg, Mitglied der Architektenkammer Berlin, Jurymitglied bei Planungs- und Kunstwettbewerben. Architektonisch geprägt vom Vater, einem ehemaligen Innenarchitekten, und von der Ehefrau, einer Hochbauarchitektin. Zusätzliche Prägung durch zwei erwachsene Kinder, die Leidenschaft für Berge und Natur und den Wunsch, urbane Räume über die Landschaftsarchitektur lebenswerter und klimaresilienter zu gestalten.

Pascal Posset
Geboren 1972 in Treuchtlingen (D). Abitur. Studium der Landschaftsarchitektur an der Technischen Universität Berlin. Nominierung für den Architekturpreis der TU Berlin. Auslandssemester in Lyon und Jerusalem. 2001 Nachdiplomstudium Bau- und Projektmanagement an der Bauhaus Universität Weimar. Von 1997 bis 2003 Stationen als Landschaftsarchitekt in Berlin. Seit 2003 Mitarbeiter und seit 2007 Partner bei der Hager Partner AG, 2007 Gründung der Hager International AG, 2012 Gründung der Filiale in Berlin, 2021 Gründung der Filiale in Stuttgart. Seit 2003 Mitglied des Bunds Deutscher Architekten, seit 2009 Mitglied des Bunds Schweizer Landschaftsarchitekten, seit 2018 Mitglied im Schweizerischen Register der Fachleute in den Bereichen des Ingenieurwesens, der Architektur und der Umwelt und Mitglied von dessen Prüfungskommission Landschaftsarchitektur. Sein Schwerpunkt liegt im Entwurf und in der Wettbewerbsarbeit. Entwickeln – sowohl auf persönlicher wie auch auf inhaltlicher Ebene – ist seine grösste Leidenschaft. Als Vater von zwei erwachsenen Kindern und als passionierter Rockgitarrist kommt er diesem Bedürfnis auf unterschiedlichste Weise nach.

Monika Schenk
Geboren 1962 in Zürich (CH). Studium der Geologie an der ETH Zürich. 2005 Nachdiplomstudium in Landschaftsarchitektur an der ETH Zürich. Masterstudium in Landschaftsarchitektur am Edinburgh College of Art, Edinburgh University, und an der University of British Columbia in Vancouver. Von 1990 bis 2003 tätig für das Amt für Umweltschutz Kanton St. Gallen. Von 2003 bis 2008 Landschaftsarchitektin bei Quadra in Zürich. Seit 2008 Mitarbeiterin bei der Hager Partner AG, seit 2018 Mitglied der Geschäftsleitung. Seit 2008 Mitglied des Bunds Schweizer Landschaftsarchitekten, von 2009 bis 2020 Vorstandsmitglied der Zürcher Studiengesellschaft für Bau- und Verkehrsfragen, von 2012 bis 2018 Vorstandsmitglied des Forums Architektur Winterthur, seit 2018 Mitglied der SIA Wettbewerbskommission sowie der Natur- und Heimatschutzkommission Kanton Zürich und seit 2019 in der Stadtbildkommission Emmen. Seit 2016 Lehrbeauftragte für Entwurf und Landschaftsgestaltung an der OST Ostschweizer Fachhochschule in Rapperswil. Ihr Schwerpunkt liegt im Entwurf sowie in städtebaulichen und landschaftlichen Konzepten. Kreative Lösungen für komplexe Herausforderungen im Einklang von Mensch und Umwelt zu finden, empfindet sie als äusserst erfüllend. Die Leidenschaft für Berge und Natur pflegt sie zu Fuss, auf Skis, zu Pferd oder mit dem Kajak. Daneben arbeitet sie gestalterisch mit Tiefdruck und am Webstuhl.

Objekt Arboretum, Zürich
Bauherrschaft Grün Stadt Zürich
Auftragsart Pflegekonzept 1984–1985, seither Begleitung Pflegearbeiten und Sanierung von Teilbereichen
Projekt und Realisation seit 1984, in Etappen
Fläche 40 000 m²
Team Staubli, Kurath & Partner, Zürich
(Teilprojekt Ufersanierung)

Alpenblicke

Das im Südwesten an den General-Guisan-Quai anschliessende Arboretum wurde von 1885 bis 1887 als Teilbereich der Zürcher Quaianlagen unter der Leitung von Arnold Bürkli von den Gartengestaltern Otto Froebel und Evariste Mertens im Stil des späten Landschaftsgartens realisiert. Der öffentliche Park mit Baum- und Steinsammlung war für den «Genuss und die Belehrung» des Publikums bestimmt. Die Auswahl der Bäume erfolgte daher nicht streng wissenschaftlich, sondern auch nach gärtnerischen, dem Genuss verpflichteten Kriterien. Nicht zuletzt deshalb hat die gartendenkmalpflegerisch wertvolle Anlage dem sich stetig wandelnden Freizeitverhalten standgehalten.

Über die letzten gut dreissig Jahre erfolgten Teilsanierungen in Etappen. Sie stellten besondere Herausforderungen: Veränderte Nutzungen und neue Einbauten haben Spuren hinterlassen, zudem entwickeln sich historische Freiräume – anders als Gebäude – auch durch das natürliche Wachstum der Pflanzen. Grundlage für die Sanierungen und die Pflege des Arboretums ist das Parkpflegewerk. Es sieht vor, den teils überalterten Baumbestand fortwährend zu sichern und zu ersetzen. Dabei wird besonderer Wert auf die Wiederherstellung der Blickbeziehungen gelegt.

Durch die starke Publikumsnutzung hat sich der Pflegeaufwand laufend erhöht. Um ihn zu reduzieren, wurden die Hauptwege – ursprünglich waren sämtliche Wege und Plätze chaussiert – asphaltiert. Im Zuge der Sanierungsmassnahmen wurden die Leuchten nach und nach durch den originalen Lampentyp ersetzt. Neue Bänke laden zum Geniessen der Aussicht ein.

Arboretum, Zürich

Als bedeutendste Massnahme wurde die zentrale Aussichtsterrasse mit der Steinsammlung und dem Alpinum als einzige intensive Staudenpflanzung des Parks wiederhergestellt. Der Walnussplatz an einem der Haupteingänge wurde partiell, der Pappelplatz in seiner Gesamtheit erneuert. Das abwechslungsreich gestaltete Ufer mit breiten, gepflasterten Rampen zum See, lockeren felsigen Partien, Rasenflächen und vielen Gehölzen wurde 2016 gemäss dem historischen Vorbild unter laufendem Betrieb saniert. Der Seezugang wurde verbessert, indem verbuschte Bereiche ausgelichtet und die Uferverbauung stellenweise zurückgebaut wurden. Der wiederhergestellte Uferweg, steinerne Sitzbereiche am Wasser und ein strandartiger Abschnitt gewähren heute einen direkten Zugang zum See und bieten eine wunderbare Sicht auf die Berge – früher bildeten Föhren hier eine blickdichte Wand.

So präsentiert sich das Arboretum wieder als abwechslungsreiche historische Szenenabfolge, die nicht nur ein spektakuläres Gartendenkmal darstellt, sondern auch intensiv bespielt und genutzt werden kann. Ganz nebenbei können stille und anspruchsvolle Gartenliebhaber sowie botanisch und gartenarchitektonisch Eingeweihte eine Lektüre in Gartenkunst geniessen.

Arboretum, Zürich

Überlagerung historischer Plan

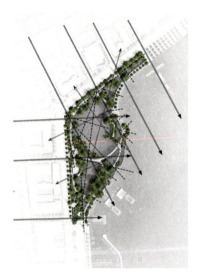

Bürkliplan 1889

Arboretum, Zürich

Mehr als 1000 Bäume wurden um 1887 gepflanzt. Zusammen mit rund 3700 Sträuchern und Kleingehölzen eine beachtliche Menge an Pflanzen. Zeitgenössische Fotos zeigen die dichten Pflanzungen. Doch von der Erstanlage des Arboretums sind nur wenige Gehölze erhalten. Folgende Pflanzen tragen heute mit ihrem malerischen Wuchs und der stattlichen Erscheinung zur Atmosphäre des Arboretums bei und stammen mit hoher Wahrscheinlichkeit aus der Ursprungsbepflanzung.

Acer velutinum
Alnus cordata
Buxus sempervirens
Catalpa bignonioides
Cedrus atlantica
Cedrus libani
Chamaecyparis lawsoniana
Cotinus coggygria
Fagus sylvatica
Fagus sylvatica 'Laciniata'
Fraxinus ornus
Magnolia acuminata
Ostrya carpinifolia
Pterocarya fraxinifolia
Quercus cerris
Quercus robur
Quercus robur 'Fastigiata'
Sequoiadendron giganteum
Taxus baccata
Tilia × euchlora
Tilia americana

Arboretum, Zürich

Arboretum, Zürich

Objekt General-Guisan-Quai, Zürich
Bauherrschaft Grün Stadt Zürich
Auftragsart Parkpflegewerk 1986
Projekt und Realisation 1986, 2001–2003 Sanierung
Fläche 6800 m^2
Team Hans H. Moser Ingenieurbüro, Zürich;
SIT Baumpflege, Aarau; Christoph Haerle, Zürich

Objekt Stadthausanlage/Bürkliplatz, Zürich
Bauherrschaft Grün Stadt Zürich
Auftragsart Parkpflegewerk mit Folgeaufträgen 1989
Projekt und Realisation 1989, 1996–2000,
seit 2020 Überarbeitung
Fläche 7000 m^2

Objekt Bauschänzli, Zürich
Bauherrschaft Grün Stadt Zürich; Liegenschafts-
verwaltung der Stadt Zürich
Auftragsart Parkpflegewerk mit Folgeaufträgen 2002
Projekt und Realisation 2002–2008
Fläche 1300 m^2

Arkadien am See

Die Uferbereiche am unteren Seebecken prägen die ‹Schauseite› der Metropole am Zürichsee bis heute. Die Quaianlagen gehen auf Planungen des Zürcher Stadtingenieurs Arnold Bürkli (1833–1894) zurück. Durch grosszügige Aufschüttungen im See wurde von 1881 bis 1887 eine durchgehende Uferpromenade mit Alleen, Platzflächen und Parks geschaffen. Damit war der ‹Eiserne Ring›, eine Eisenbahnlinie im Uferbereich, erfolgreich abgewendet. Zürich öffnete sich nun zur grandiosen landschaftlichen Kulisse mit dem See im Vorder- und dem Alpenpanorama im Hintergrund. Im Rahmen einer stufenweisen Sanierung, Rekonstruktion und Weiterentwicklung wurden die öffentlichen Räume fein auf die heutigen, intensiven Nutzungen abgestimmt und leisten so einen wesentlichen Beitrag zur landschaftsarchitektonischen Entfaltung der Uferbereiche Zürichs.

Der General-Guisan-Quai, bis 1960 Alpen-Quai genannt, verbindet den Bürkliplatz mit dem Arboretum. Er formt eine langgestreckte, mit Tulpenbäumen bestandene, chaussierte Platzfläche und wurde von 1919 bis 1921 um drei Reihen mit Kastanien verbreitert. Ein Mosaikbrunnen bildete den zentralen Achsenabschluss. Der Einbau einer neuen, luft- und wasserdurchlässigen Chaussierung hat die Standortbedingungen der Bäume verbessert; sie markiert die Fussgängerzone. Die kränkelnden Kastanien wurden durch Neupflanzungen ersetzt. Ein breiter Asphaltstreifen entlang der Strasse bietet Platz für Velofahrerinnen und Passanten. Das bestehende Mobiliar und die Beleuchtung wurden überprüft, neu angeordnet und teilweise umgestaltet. Heute entfaltet der General-Guisan-Quai wieder seine

Qualität als Aussichtsterrasse von Zürich. Mit der roten Brunnenschale von Christoph Haerle hat er einen zusätzlichen Akzent erhalten.

Die Freiräume Stadthausanlage, Bürkliplatz und Bürkliterrasse liegen in einer Achse vor dem mächtigen Gebäude der Nationalbank. Die Platzfolge schafft eine Verbindung zwischen den Uferbereichen am Zürichsee und den nach Norden verlaufenden, linearen Stadträumen von Bahnhofstrasse und Limmatufer. Ein neues Verkehrskonzept sorgt für sichere Radwege, ohne die Platzgrösse der Stadthausanlage reduzieren zu müssen. Die alten Bäume der Anlage blieben erhalten. Ein Raster aus zehn Baumsorten bildet ein hohes grünes Dach, in dessen lichten Schatten Märkte abgehalten werden. Inmitten des verkehrsbelasteten Zentrums ist ein attraktiver Aufenthaltsort mit Aussicht auf See und Alpen entstanden.

Das Bauschänzli ist eines der letzten Relikte der barocken Zürcher Stadtbefestigung. In den Sommermonaten, zum Oktoberfest sowie während des Weihnachtszirkus ist das Bauschänzli ein bei Einheimischen und Gästen besonders beliebtes Lokal. Die künstliche Insel liegt östlich der Stadthausanlage unweit der Stelle, an der die Limmat den Zürichsee verlässt. Ein Hain aus Kastanienbäumen spendet Schatten und dämpft den Verkehrslärm. Auch hier waren vier der alten Kastanien geschwächt und wurden durch Neupflanzungen ersetzt. Die intensive Nutzung, die Bedürfnisse der Pflanzen und die Auflagen des Denkmalschutzes wurden bei der Sanierung gleichermassen beachtet.

Unteres Seebecken, Zürich

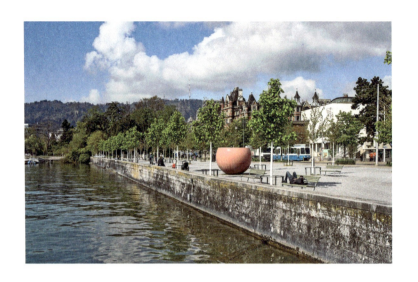

Unteres Seebecken, Zürich

Unteres Seebecken: 1 Arboretum, 2 General-Guisan-Quai, 3 Stadthausanlage/Bürkliplatz, 4 Bauschänzli

Unteres Seebecken, Zürich

Essay Pascal Posset

Lernen vom Park

Mit der Sesshaftwerdung begann die Vereinnahmung der Landschaft durch den Menschen. Heute, im Zeitalter des Anthropozäns, haben wir diesbezüglich scheinbar einen Höhepunkt erreicht: Der Mensch ist der wichtigste Einflussfaktor auf die biologischen, geologischen und atmosphärischen Vorgänge auf der Erde. Die daraus resultierende Klimakrise beschäftigt uns alle und wirft die Frage auf, wie wir mit unserem Handeln Einfluss nehmen können. Dieser Herausforderung stellen wir uns als klimaneutrales Landschaftsarchitekturbüro (S.6).

Mehr als die Hälfte aller Menschen lebt heute in Städten. Damit wird die Stadt zu einem der zentralen Handlungsfelder im Rahmen der globalen Veränderungen. Welche Akteure haben den grössten Einfluss auf den Lebensraum Stadt, und welche Rolle können wir dabei übernehmen? Bis anhin waren die Landschaftsarchitekten eher mit begleitenden Aufgaben und der Behandlung derjenigen Stadträume, die andere Akteure übriggelassen haben, beschäftigt. Doch mit der Entwicklung des Freiraums als Antipode zur gebauten Stadt übernehmen die Landschaftsarchitektinnen auch mehr gesellschaftliche Verantwortung. Der Zeitpunkt ist deshalb günstig, sich die entscheidenden und relevanten Fragen zu stellen und aktiv am Diskurs teilzunehmen: Wie sieht ein tragfähiger öffentlicher Raum in den Städten von morgen aus? Welche Aufgaben kann und wird er übernehmen? Welche Aufgaben können die Landschaftsarchitekten bei dessen Gestaltung übernehmen?

1

Für die Beantwortung dieser Fragen können wir am besten von dem für uns Landschaftsarchitektinnen ureigenen Thema lernen – nämlich der Gestaltung eines Parks. Blicken wir also auf das erste Parkprojekt unseres Büros zurück, das Arboretum in Zürich (1), für das wir 1984 ein Parkpflegewerk entwickelt haben (S.19). Anhand dieses Projekts versuchen wir aufzuzeigen, wie es unsere Arbeit als Landschaftsarchitekten bis heute beeinflusst, was wir daraus gelernt haben und wie aktuell die damals und dort behandelten Fragen für uns immer noch sind.

Stadt als Ganzes begreifen Dass wir Landschaftsarchitekten in der Diskussion um zukünftige Stadtlandschaften eine tragende Rolle spielen können, liegt vor allem an unserer kontextuellen Denkweise. Freiraum verstehen wir als räumliches Kontinuum, das Stadt und Landschaft verbindet. Unser Blick geht über den Tellerrand hinaus und ordnet sich einer stadträumlichen Logik unter. Stadt wird nicht als die Summe ihrer Teile, sondern als Ganzes begriffen. Es gilt deshalb öffentliche Räume zu entwickeln, die im

2

städtischen Massstab konzipiert sind und so auch einen Beitrag zum gesamtstädtischen Kontext leisten können.

Die Planung und Gestaltung des Zürcher Seeufers im 19. Jahrhundert kann für dieses Entwurfsverständnis modellhaft herangezogen werden. Das Arboretum wurde im Rahmen einer übergeordneten Planung zur Aufwertung des Zürcher Seebeckens realisiert (2). Der damalige Stadtingenieur Arnold Bürkli (1833–1894) liess von 1882 bis 1887 eine durchgehende Uferpromenade mit Alleen, Wiesen und Parks entlang des Zürcher Seeufers bauen. Die Basis bildete der ‹Bürkliplan› (3), der die nötigen Aufschüttungen zur Erstellung der Promenaden vorsah. Seine Umsetzung kostete mehr als das Achtfache des damaligen Steuereinkommens. Doch die Aufschüttungen generierten hochwertige neue Baugrundstücke, deren Verkauf als Querfinanzierung diente. In einer Volksabstimmung von 1873 fand das Vorhaben die gemeinschaftliche Grundlage, von der die Stadt bis heute profitiert: Die Zürcher Bürger lehnten den geplanten ‹Eisernen Ring› – eine Eisenbahnlinie im Uferbereich – ab (4). Damit war der Weg zum See frei. 200 000 Quadratmeter Land wurden ihm abgerungen und darauf ein grüner Auftritt der Stadt geschaffen.

Die wesentlichste Leistung des ‹Bürkliplans› ist, dass 3 das Zürcher Seeufer und sein grandioses Alpenpanorama öffentlich zugänglich gemacht wurden. Der ‹Bürkliplan› setzte die ganze Stadt in Beziehung zum See, und alle sollten davon profitieren können. Neben den visuellen Verbindungen, den Sichtbezügen zwischen See und Stadt, besticht der ‹Bürkliplan› durch seine gesamtstädtische Sicht auf den Übergang zwischen diesen beiden Räumen. Das kleine Alpinum des Arboretums kann zudem als Hommage an die Fernsicht verstanden werden. Es lenkt den Blick zum See, und man kann von hier aus leicht erhöht den Blick schweifen lassen.

4

Im Rahmen unserer Projekte am Zürcher Seeufer setzten wir uns mit den wichtigsten Bausteinen des historischen ‹Bürkliplans› – Bürkliplatz, General-Guisan-Quai und Arboretum – auseinander (S.31). Immer wieder konnten wir Bürklis

Essay

Denkweise überprüfen, schärfen und davon lernen. Vor allem das Arboretum stand uns als gestalterisches und pflanzliches Vorzeigeprojekt einer im grossen Massstab gedachten Vision Modell. Noch heute gilt es, die Wasserlagen der Städte zu aktivieren, für alle zugänglich zu machen und sie in eine räumliche und visuelle Beziehung zum Stadtraum zu stellen. Die Zugänglichkeit, die Erfahrbarkeit und die Nutzbarkeit der Ufer haben wir bei unseren Projekten zu den Promenaden Kleinbasler Rheinufer (S.53) und Elsässerrheinweg (S.61) (5) in Basel sowie bei unserem Beitrag zur Testplanung für die Hamburger Elbbrücken (S.129) als gesamtstadträumliche Verpflichtung verstanden.

5

Geschichte weiterbauen Neben den gesamtstädtischen, kontextuellen Überlegungen sind für uns Landschaftsarchitektinnen auch Geschichte, Nutzung sowie immer mehr die Landschaften ausserhalb der Städte relevant. Intuitiv untersuchen wir Orte, etwa indem wir sie physisch erkunden und sie Assoziationen in uns wecken lassen. Wir betrachten aber auch ihre Ökologie, ihre Soziologie, ihre Morphologie und ihre Geschichte. Aus dem Zusammenspiel all dieser Schichten ergibt sich ein Eindruck, der Voraussetzung ist für unsere Arbeit am Raum. Wie die Geschichte eines Orts im Dialog mit den anderen Aspekten gewichtet wird und wie daraus eine neue Identität für diesen Ort herausgearbeitet werden kann, ist eine der spannendsten Aufgaben in der Landschaftsarchitektur. Die Auseinandersetzung mit der Geschichte und den sicht- und unsichtbaren Qualitäten eines Orts macht uns Landschaftsarchitekten zu Zeitverstehern. Die Transformation der historischen Dimension eines Raums ist eine Chance. Weder geht es darum, Vorhandenes zu konservieren, noch um eine Rekonstruktion von Vergangenem. Im Gegenteil: Es gilt, aus dem Alten etwas Neues zu erschaffen. Die Transkription der historischen Bedeutung birgt identitätsstiftendes Potenzial.

Aus solchen Betrachtungen ging beim Arboretum in Zürich ein 17-seitiges Parkpflegewerk hervor, das die einzelnen den Park konstituierenden Elemente, etwa Vegetation, Materialien und Ausstattung, sowie dessen Entstehung analysierte.

6

Als Handbuch mit einem präzisen Massnahmenpaket zur Entwicklung der Parkanlage konnte es den zukünftigen Nutzerinnen in die Hände gegeben werden – und das in den 1980er-Jahren, zu einer Zeit, als niemand so genau wusste, wie ein Parkpflegewerk konzipiert und formuliert wird. Die Kernidee des Arboretums war die einer Baumsammlung an prominenter Lage. Die Zürcher Bürgerinnen sollten angenehme Aufenthalte in einer möglichst natürlichen Parkanlage verbringen können. Ziel des Parkpflegewerks war die Sicherung, aber auch die Entwicklung dieses Bildes, ohne dem Besucher eine historische Szenerie vorzuführen. Vielmehr ging es darum, dass sich der Wert des Arboretums der Besucherin unaufdringlich und zurückhaltend erschliesst. Der botanisch und gartenarchitektonisch Bewanderte jedoch vermag den kunsthistorischen Zusammenhang zu erkennen und zu verstehen. In diesem zur Vergangenheit und zur Gegenwart hin offenen Verständnis der Anlage liegt das Geheimnis ihrer anhaltenden Beliebtheit.

7

Diverse weitere Arbeiten unseres Büros folgen dem für das Arboretum skizzierten Grundsatz der kritischen Rekonstruktion, die Altes selbstverständlich belässt und Neuem unaufdringlich Raum gibt. Auf diese Weise gelingt es, die Geschichte eines Stadtraums respektvoll fortzuschreiben und weiterzubauen (6). Beim Park der ehemaligen Schlossinsel Harburg (7) in Hamburg (S. 79) beispielsweise galt es, einen zeitgemässen Stadtteilpark zu entwickeln, der an die tausendjährige Geschichte des Orts anknüpft.

8

Die herausragende Lage der Insel im Harburger Binnenhafen mit Werftatmosphäre, prägnanten Relikten einer einst blühenden Hafenindustrie und neuen urbanen Impulsen verlangte nach einem robusten Konzept, das der historischen Bedeutung der Schlossinsel gerecht wird, ohne diese zu bagatellisieren. Wir haben die leicht erhöhte Lage der Festungsinsel über der Marschlandschaft als Lichtung inmitten eines Baumrahmens herausgearbeitet und akzentuiert. Das gibt dem ehemaligen Schloss eine würdige Atmosphäre und verweist auf die Geschichte des Orts. Baumrahmen und Lichtung unterstützen die Sternform des Parks, die zusammen mit der Ausbildung von Neubauten als Bastionen an den Eckpunkten Bezug nimmt auf die einstige Zitadelle. Als zeitgenössisch gestaltete neue Schicht lässt das klare Konzept künftige Entwicklungen zu und vermag allfällig hervortretende historische Relikte wie Bodenbeläge oder Mauerelemente gelassen zu integrieren (8).

Massentauglichkeit des Raums Gute Parkanlagen erlauben viele Nutzungen durch den Menschen. Grundvoraussetzung dafür ist, dass sie für alle zugänglich sind. Diesbezüglich haben die Quaianlagen in Zürich ebenfalls Vorbildcharakter (S.31). Der öffentliche Raum hat die Aufgabe, zu ermöglichen. Um möglichst unterschiedliche Nutzungen zu implementieren, braucht es eine gute räumliche Grunddisposition. Im Zentrum stehen der Charakter und die Qualität des öffentlichen Raums. Sie bilden die Basis für seine Nutzbarkeit, wie die Bespielung aber aussehen kann, ist das Resultat eines gesellschaftlichen Diskurses. Das Nutzungsprogramm sollte keine Wunschliste sein, die versucht, allem und jedem gerecht zu werden, sondern vielmehr Ausdruck einer vorübergehenden Vereinbarung. Wir Landschaftsarchitekten können dabei helfen, Möglichkeiten zu schaffen, oder sogar zu Moderatoren der nötigen Auseinandersetzung über die öffentlichen Räume unserer Städte avancieren.

Auch beim Arboretum (9) bilden seine robuste Einfachheit und die räumliche Disposition die Basis dafür, dass es scheinbar zeitlos alle gesellschaftlichen Bedürfnisse aufnehmen kann. Bis heute kommt der Park etwa ohne den sonst obligaten Spielplatz aus, was seine Beliebtheit in keinster Weise schmälert.

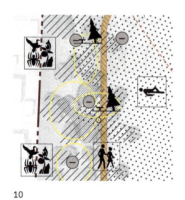

Über die Jahre hat sich das Arboretum von einer auf ein natürliches Idealbild ausgerichteten öffentlichen Parkanlage zu einem Volkspark entwickelt. Seine Massentauglichkeit liegt auch an seiner Grosszügigkeit: Sie zeigt sich in der alle Parkräume zusammenfassenden Lichtung, die sich mit lockeren Baumkulissen zur Stadt hin abgrenzt. Dieses historisch erprobte räumliche Motiv haben wir immer wieder mit Erfolg aufgenommen – vom Helmut-Zilk-Park in Wien (S.89), wo wir der heterogenen Parkfigur mit der Lichtung ein räumliches Zentrum gaben, bis zum in Planung befindlichen Quartierpark an der Thurgauerstrasse in Zürich (S.135).

Für beide Parkanlagen haben wir zur Steuerung der sozialräumlichen Dynamik einen Genderplan (10) entwickelt. Er skizziert die vielfältigen Lebensrealitäten von jungen und älteren Parknutzerinnen und Parknutzern. So sind diese bereits in den Entwurfsprozess eingeflossen. Kriterien wie Nutzungsintensitäten, Blickbeziehungen, Lichtexposition, zu erwartende Bewegungsfelder verschiedener Nutzergruppen oder die räumliche Grenzausbildung der verschiedenen Parkbereiche wurden damit laufend überprüft.

Grün statt Grau   In Städten finden sich besonders viele Erscheinungsformen zwischen künstlich und natürlich, die als Natur zusammengefasst werden können. Zum einen gibt es die Natur, die von selbst gewachsen ist. Ihr gegenüber steht die vom Menschen gestaltete Natur. Diese unterschiedlichen Erscheinungen lassen sich durch Gegenüberstellung oder Überlagerung gerade in der Stadt gestalterisch nutzen. Im Zentrum zukünftiger Stadtlandschaften steht als Antipode zum urbanen Raum – neben Strassen- und Platzräumen – der Park als künstlich-natürlicher Raum. Der Kontrast zum Gebauten, oder eben auch das Nebeneinander von künstlichen und natürlichen Elementen, lässt eigenständige Parkwelten entstehen. Der Mensch steht jeweils in ihrer Mitte und profitiert von der Vielfalt von Natur im städtischen Kontext. Damit wird der Park mehr als blosse Ressource und Lebensraum. Er wird auch zur Projektionsfläche von Bedürfnissen, die die Stadt als solche nicht mehr zu befriedigen vermag. In dieser scheinbaren Idealisierung von Natur liegt eine Qualität, die die Stadt als Lebenswelt des Menschen bereichert. Der Park avanciert zum Sehnsuchtsraum.

11

In der Vielfalt von Natur, der dieser Tage oft genannten Biodiversität, liegt ein wesentlicher Zugang zum Sehnsuchtsraum Park. Sie ist auch ein massgeblicher Motor der Baumsammlung des Arboretums. Zwar entsprang der Grundgedanke dafür der damals neu aufgekommenen Sammelleidenschaft des Bildungsbürgertums, er kann jedoch heute auch als Antwort auf die Sehnsucht nach der natürlichen Vielfalt begriffen werden. Die Baumsammlung des Arboretums ist in pflanzengeografische, systematische und pflanzengeschichtliche Florenbezirke aufgeteilt. Die Zusammenstellung der Gehölze ordnete sich bei der Bepflanzung jedoch dem bewusst gesuchten natürlichen Bild unter, sodass der Besucher die wissenschaftliche Komposition kaum bemerkt. Im Vordergrund steht ein aus abwechslungsreicher Natur zusammengesetztes Parkbild, das einem intuitiven Idealbild von Natur und damit unserem ästhetischen Empfinden entspricht. Ähnlich funktionieren unsere sich aus grosszügigen Lichtungen komponierenden Parkanlagen in Wien **(S.141)**, Hamburg **(S.79)** und Zürich **(S.135)**. Sie setzen einen vielfältigen grünen Filter im Übergang zwischen Park und Stadt.

Nicht nur die Vielfalt ist entscheidend, sondern auch und gerade die Möglichkeit, Natur überhaupt in den öffentlichen Raum integrieren zu können **(11)**. Oft werden funktionale, infrastrukturelle und verkehrliche Belange im

Kanon der Bedürfnisse stärker gewichtet. Vor allem bei öffentlichen Anlagen begegnet uns der Wunsch nach Natur immer wieder. Mit der zunehmenden Sensibilisierung für das Stadtklima zeichnet sich jedoch eine Trendwende ab. Mehr Grün rückt als zentrales Bedürfnis und als Forderung mehr und mehr in den Vordergrund. Im Rahmen zahlreicher Projekte haben wir die grüne Nachverdichtung von Stadträumen in den letzten Jahren in Angriff genommen, etwa am Bürkliplatz in Zürich (S. 31), der als baumbestandener Platz am See mit mehr Bäumen nachverdichtet werden sollte, oder die Uferpromenade Elsässerrheinweg in Basel (S. 61), die nachträglich mit Bäumen ergänzt wurde. Mehr Natur in der Stadt und das Befriedigen eines menschlichen Urverlangens finden in diesen beiden Projekten einen konsequenten Ausdruck.

Die Landschaft wird zum Park Mit der zunehmenden Mobilität hat der Park als Projektionsfläche für die Sehnsucht nach Natur eine neue Bedeutung erhalten. Schnell und einfach können wir jedes Wochenende in der Natur oder in den Bergen verbringen. Das hat die Landschaften ausserhalb der Städte mehr und mehr zu einem neuen Handlungsfeld der Landschaftsarchitektinnen gemacht. Mit der Verwässerung der Übergänge zwischen Stadt, Agglomeration und Landschaft sind neue suburbane Räume entstanden, deren Zuordnung schwierig ist. Die Auseinandersetzung mit diesen Schnittstellen und die Frage nach dem Umgang mit Räumen in landschaftlichen Dimensionen hat deutlich zugenommen. Man kann diese ‹neue Landschaft› auch als Park verstehen. Sie wird vom Menschen erschlossen, vereinnahmt und genutzt. Voraussetzung dafür sind infrastrukturelle Anlagen, die auch dazu dienen, die menschliche Sehnsucht nach Natur zu befriedigen. War zu Zeiten des Arboretums die Abwendung des ‹Eisernen Rings› eine Entscheidung, von der wir in Zürich bis heute profitieren, treffen wir ausserhalb der Städte heute auf ähnliche Fragestellungen. In zahlreichen unserer Projekte setzen wir uns deshalb mit der Einbettung und der Mehrfachnutzung von Infrastrukturanlagen in der Landschaft auseinander. So wird etwa ein Tunnelschlund in Kriens bei Luzern als Grundlage für einen neuen Park genutzt (S. 123) oder die neue Hinterrheinbrücke in Reichenau (12) durch das Umtragen eines Naturhangs zum selbstverständlichen Bestandteil einer grandiosen Naherholungslandschaft erhoben (S. 115). In solchen Momenten lebt der im Arboretum verankerte Grundgedanke an das Bedürfnis des Menschen nach Natur weiter.

12

Die Parks von morgen Überlagert man die Aspekte gesamtstädtischer Kontext, Geschichte, Nutzung, Natur und Landschaft, entsteht die notwendige inhaltliche Dichte für einen zeitgemässen Parkraum. Der Blick zurück zeigt: Alle Komponenten waren und sind entlang der Zürcher Seepromenade bereits angelegt und behandelt. Als wesentliche Bausteine des öffentlichen Raums sind Parks mehr als blosse Erholungsräume für Städterinnen. Der Park von morgen ist Ausdruck und Abbild einer Gesellschaft, die auf öffentliche Räume angewiesen ist, in denen sich der Einzelne zum Ausdruck bringen kann. Deshalb brauchen wir Parks wie den Helmut-Zilk-Park in den Städten der Zukunft (S.89) (13). Neben den medialen Welten ist der Park auch ein Gefäss für das zunehmende Bedürfnis nach Freiheit und Individualität. Einfachheit und die Aktivierung bestehender Werte und Potenziale führen zu nachhaltigen Stadträumen, die unsere Stadtlandschaften heute und morgen zeitlos und langfristig bereichern. Das Arboretum in Zürich hat uns vorgelebt, auf welche Weise das erreicht werden kann.

Objekt Kleinbasler Rheinufer, Basel
Bauherrschaft Kanton Basel-Stadt
Auftragsart Wettbewerb 2010
Projekt und Realisation abschnittsweise seit 2011
Fläche 87 000 m²
Team Staubli, Kurath & Partner, Zürich; Kontextplan, Bern

Baden mit Münsterblick

Der Entwurf für die Rheinpromenade auf der Kleinbasler Seite orientiert sich an den naturräumlichen Gegebenheiten des Flusses mit den gegensätzlichen Ufertypen von Gleithang und Prallhang. Während sich das Rheinufer auf der Grossbasler Seite bebaut und steil präsentiert, ist es auf der Kleinbasler Seite flach und weit. Entsprechend ist auf der ganzen Länge der Kleinbasler Promenade der Zugang zum Wasser möglich, was den Naturraum des Rheins besser erlebbar macht. Für die Auffüllung der Flachwasserbereiche wurde das Bodenmaterial verwendet, das nebenan für die Vertiefung der Schifffahrtsrinne ausgehoben worden war.

Die Promenade ist in drei Abschnitte gegliedert, die mit den angrenzenden Stadträumen korrespondieren. Sie unterscheiden sich vor allem durch den Umgang mit den Uferböschungen: steinern, aber mit Spontanbewuchs von der Dreirosenbrücke bis zum Kasernenareal, als grosszügige Freitreppe im Bereich der Altstadt und ab der Wettsteinbrücke wieder als bewachsene Böschung. Ein Streifen mit einer zweireihigen Allee verbindet die drei Abschnitte und bildet den Übergang zur Stadt. Bänke und weiteres Mobiliar sind zwischen den Bäumen platziert. Diese Massnahme erweitert den bisher beengten Bereich für die Fussgänger deutlich und sorgt für einen grosszügigen Bewegungsraum.

Kleinbasler Rheinufer, Basel

Kleinbasler Rheinufer, Basel

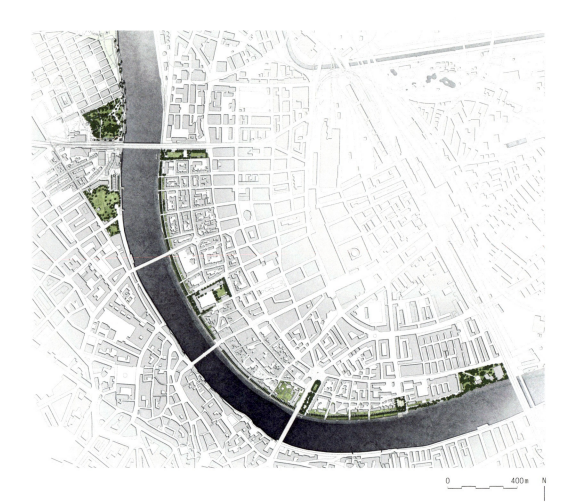

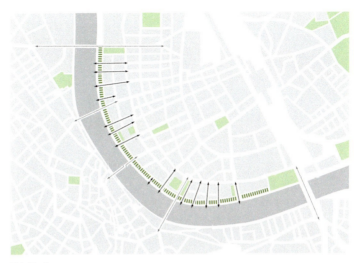

Blickbezüge

Promenade entlang des Rheins

Kleinbasler Rheinufer, Basel

Objekt Uferpromenade Elsässerrheinweg, Basel
Bauherrschaft Kanton Basel-Stadt; Novartis, Basel
Auftragsart Wettbewerb 2007
Projekt und Realisation 2008–2016
Fläche 1,5 ha
Team Staubli, Kurath & Partner, Zürich

Rhein schauen

Nach neun Jahren Planung und Bau ist am Rheinufer zwischen St. Johanns-Park und der französischen Grenze eine neue Promenade für Fussgänger und Radfahrerinnen entstanden. Sie verläuft auf einem ehemals nicht öffentlich zugänglichen Hafenareal zwischen Rhein und Novartis Campus. Auf einer Länge von mehr als 600 Metern überwindet sie Höhenunterschiede von bis zu zehn Metern und ist bis zu dreissig Meter breit.

Der Entwurf nimmt typische Strömungsmuster des Flusses auf. Sie finden ihre Fortsetzung in den Wegbereichen und den zur Überwindung der Höhenunterschiede notwendigen Mauern. Vertikal angeordnete, gebrochene Kalksteinbänder verleihen dem Uferabschnitt einen warmen, textilen Ausdruck. Der Bermenweg bildet die für Basel typische, wassernahe und nicht hochwassersichere Ebene der Promenade. Hier schaffen Rheinschwimmerausstiege und Duschen ein attraktives Sommerangebot. Der höher liegende, hochwassersichere, vier Meter breite Promenaden- und Veloweg bietet Aufenthaltsnischen mit Bäumen und Sitzbänken. Treppen und Rampen verbinden die beiden Ebenen.

Für die am Rheinufer lebenden geschützten Eidechsenarten wurden gezielt offene Fugen und Schlupfwinkel geschaffen. Ökobuhnen dienen dem wandernden Biber als Unterschlupf. Der spontane Bewuchs mit Kräutern, Farnen und Moosen führt zu einer sukzessiven Besiedlung und Patinierung der Anlage – die Mauern werden zu hängenden Gärten. Mit Blick auf den Klimawandel lässt die Stadt Basel die Begrünung der Promenade noch intensivieren. Neben Entsiegelungsmassnahmen wurden zusätzliche Baumstandorte festgelegt.

Elsässerrheinweg, Basel

Elsässerrheinweg, Basel

Strömungslinien

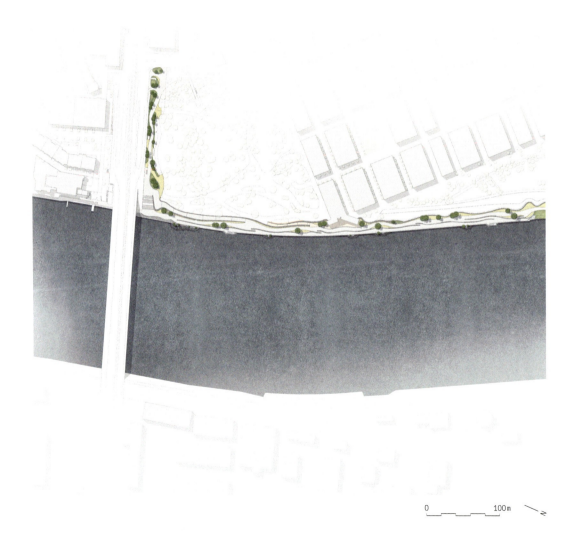

Elsässerrheinweg, Basel

Objekt Treptower Park, Berlin
Bauherrschaft Bezirksamt Treptow-Köpenick, Grünflächenamt
Auftragsart Verfahren nach Vergabeordnung für freiberufliche Leistungen 2014
Projekt und Realisation 2014–2016
Fläche 19 000 m²
Team Irriproject, Potsdam (Subplanung Bewässerung); Flöter & Uszkureit, Berlin (Ausführung)

Blumen an der Spree

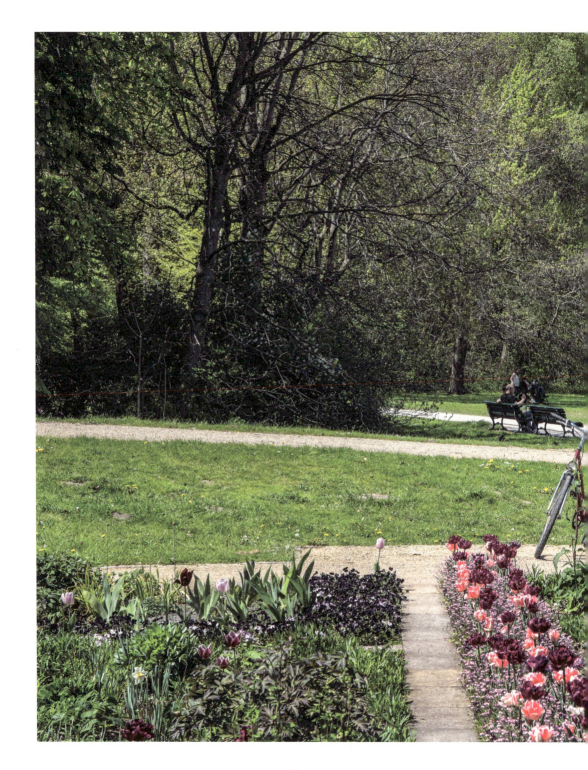

Treptower Park, Berlin

Der mehr als 88 Hektar grosse Treptower Park wurde 1888 nach dem Entwurf des Berliner Gartenbaudirektors Gustav Meyer, Schüler des Gartenkünstlers Peter Joseph Lenné, als früher Volkspark im landschaftlichen Stil realisiert. Der Sommerblumen- und Staudengarten wurde 1957/58 als einer von mehreren Sondergärten ergänzt und Anfang der 1970er-Jahre in Teilbereichen weiterentwickelt. Die Planung ging auf Georg Béla Pniower zurück, damals Direktor des Instituts für Gartenkunst und Landschaftsgestaltung an der Humboldt-Universität zu Berlin.

Ein Parkpflegewerk von 1996 diente als Grundlage für die umfangreiche Sanierung. Der Entwurf für die Überarbeitung des Sondergartens versteht sich als zeitgemässe Interpretation der Stauden- und Wechselflorpflanzungen von Pniower. Vorrangiges Ziel war der Erhalt der bestehenden Formensprache unter Berücksichtigung der heutigen Parknutzung und gleichzeitiger Stärkung des landschaftlichen Charakters. Behutsame Auslichtungen stellten wichtige Sichtbeziehungen wieder her: Blicke in die Tiefe des Parks, zur Spree und auf städtebauliche Merkzeichen. Überdimensionierte Wegbereiche wurden zugunsten von Blumen- und Rasenflächen reduziert, um den Parkcharakter zu stärken. Die Flächenstruktur der Beete blieb dabei erhalten. Alle baulichen Anlagen – etwa die Pergola, die historischen Brunnen, Treppen und Mauern sowie die Weg- und Plattenbeläge – wurden im Zuge der denkmalgerechten Sanierung grunderneuert. So ist der Blumengarten wieder zu einer eindrucksvollen Attraktion innerhalb des Treptower Parks geworden.

Treptower Park, Berlin

Treptower Park, Berlin

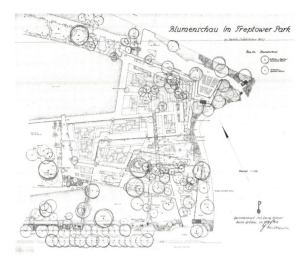

Skizze Pniower, 1958

Pflanzplan

Hellblaues Beet (Kiesbeet)

**Staudenmischpflanzung –
Pflanzung im Oktober**
Agastache rugosa 'Black Adder'
Agastache rugosa 'Blue Fortune'
Anemone blanda 'Blue Shades'
Anthericum ramosum
Caryopteris × clandonensis
  'Kew Blue'
Crocus chrysanthus 'Ard Schenk'
Crocus chrysanthus 'Prins Claus'
Dictamnus albus 'Albiflorus'
Echinops banaticus 'Taplow Blue'
Echinops ritro
Echinops ritro 'Veitch's Blue'
Einfache Tulpe 'White Marvel'
Einfache gefüllte Tulpe
  'Cardinal Mindszenty'
Eryngium giganteum
Eryngium planum 'Blauer Zwerg'
Eryngium planum 'Blaukappe'
Iris Hybride 'Katharine Hodgkin'

Iris histrioides 'Lady Beatrix Stanley'
Kalimeris incisa 'Madiva'
Melica ciliata
Muscari armeniacum
Muscari armeniacum
  'Christmas Pearl'
Muscari azureum
Muscari azureum 'Azureum Album'
Muscari botryoides
Nepeta racemosa 'Superba'
Ornithogalum umbellatum
Perovskia atriplicifolia 'Blue Spire'
Perovskia atriplicifolia 'Little Spire'
Stachys byzantina 'Silver Carpet'
Yucca filamentosa 'Schellenbaum'

**Staudenband Mono –
Pflanzung im Oktober**
Anemone blanda 'Blue Shades'
Crocus chrysanthus 'Ard Schenk'
Crocus chrysanthus 'Prins Claus'
Muscari azureum
Perovskia atriplicifolia 'Filigran'

**Frühjahrswechselflor –
Pflanzung im Oktober
und im Februar**
Einfache Tulpe 'White Marvel'
Einfache gefüllte Tulpe
  'Cardinal Mindszenty'
Myosotis sylvatica F1 'Bluesylva'
Viola cornuta F1 'Sorbet YTT'

**Sommerwechselflor –
Pflanzung im Mai**
Gaura lindheimeri

Treptower Park, Berlin

Objekt Schlossinsel Harburg, Hamburg
Bauherrschaft IBA Hamburg GmbH;
Freie Hansestadt Hamburg
Auftragsart Wettbewerb 2010, 1. Preis
Projekt und Realisation 2010–2013
Fläche 26 000 m^2
Bauleitung Christian Gerstenkorn, Reinbek

Geschichte weiterbauen

Die Schlossinsel im Harburger Binnenhafen mit ihrer herausragenden Lage, der 1000-jährigen Geschichte, den prägnanten Relikten einer einst blühenden Hafenindustrie, einer immer noch aktiven Werft in direkter Nachbarschaft und zahlreichen in der Entwicklung befindlichen Bauvorhaben verlangte nach einem robusten Konzept. Es sollte der aktuellen ebenso wie der historischen Bedeutung des Orts gerecht werden, ohne zu bagatellisieren.

Über Jahrhunderte thronte die Festungsinsel mit dem Schloss in der Mitte leicht erhöht über der Marschlandschaft. Diese subtile topografische Besonderheit wurde inszeniert, indem das Schlossumfeld als Lichtung inmitten eines Baumrahmens herausgearbeitet wurde. So erhielt das Baumonument, von dem nur noch ein Seitenflügel original erhalten ist, eine würdige Einfassung. Unter dem Baumdach entstanden unterschiedliche Aufenthaltsbereiche.

Baumrahmen und Lichtung unterstützen die Sternform des Parks. Zusammen mit den ‹Bastionen› der Neubauten an den Eckpunkten nehmen sie Bezug auf die ehemalige Zitadelle. Die Lichtungsräume des Parks erstrecken sich zum Wasser und laden mit Sitzstufen und Holzdecks zum Verweilen ein. Als zeitgenössisch gestaltete neue Schicht lässt das klare Konzept zukünftige Entwicklungen zu und hat die Kraft, historische Relikte, etwa Bodenbeläge oder Mauerelemente, auf selbstverständliche Art und Weise zu integrieren.

Schlossinsel Harburg, Hamburg

Schlossinsel Harburg, Hamburg

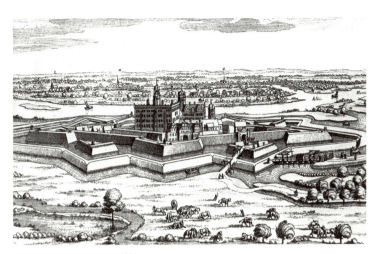

Zeichnung Festung Harburg 1654

Blickbezüge

Schlossinsel Harburg, Hamburg   85

Schlossinsel Harburg, Hamburg

Objekt Helmut-Zilk-Park, Wien
Bauherrschaft Magistrat 42 Wiener Stadtgärten
Auftragsart Wettbewerb 2010
Projekt und Realisation 2012–2017
Fläche 67 000 m²
Team Karl Grimm Landschaftsarchitekten, Wien

Aus Bahnhof wird Park

Auf dem Areal eines ehemaligen Güterbahnhofs im 10. Gemeindebezirk Favoriten in Wien ist mit dem Sonnwendviertel ein neues Stadtquartier entstanden. Der Helmut-Zilk-Park bildet sein grünes Zentrum. Es ist das grösste innerstädtische Parkprojekt Wiens der letzten vierzig Jahre. Namensgeber ist der Journalist und sozialdemokratische Politiker Helmut Zilk (1927–2008), der in Favoriten geboren wurde und zehn Jahre Bürgermeister von Wien gewesen war.

Nach dem Vorbild eines klassischen Volksparks besteht der Helmut-Zilk-Park aus wenigen, klaren Hauptelementen. Ein Hain aus 520 kleinkronigen Blütenbäumen umschliesst eine zentrale, offene Lichtung. Er bildet einen wohltuenden Gegenpol zur Offenheit der Mitte. Die weite Rasenfläche lädt sowohl zum kontemplativen Verweilen als auch zum aktiven Spiel ein. Der markante Massstabssprung zwischen den grossflächigen Fassaden der Neubauten und den niedrigen Bäumen des Hains gibt dem Park einen eigenen Horizont, der gar nicht erst versucht, mit den Gebäudehöhen zu konkurrieren. Gleichzeitig gewährleisten die kleinkronigen Bäume, dass die spektakuläre Aussicht aus den Wohnungen nicht zuwächst. Unterschiedliche Baumarten sorgen vom Frühjahr bis in den Sommer für ansprechende Blühaspekte. Wie selbstverständlich integriert der Baumhain Rückzugsräume und vielfältige Nutzungsflächen, etwa einen Motorikpark und andere Spielplätze für Jung und Alt, Gemeinschaftsgärten und eine Sonnenterrasse mit Parkcafé. Im Südosten wurde eine Hundezone angelegt.

Helmut-Zilk-Park, Wien

Ein dichtes Wegnetz erschliesst den Park und verknüpft ihn über zahlreiche Plätze und Querungsmöglichkeiten mit den angrenzenden Stadträumen. An der Ostseite der Rasensenke schafft ein Café mit Sonnendeck einen attraktiven Treffpunkt im Quartier. Die Gemeinschaftsgärten für die Bewohnerinnen und Bewohner des Sonnwendviertels liegen am südöstlichen Parkeingang und bieten auf siebzig Beeten die Möglichkeit, gemeinsam Gemüse anzubauen.

Erstmals in Wien wurden auf einer grossen innerstädtischen Fläche – auf gut der Hälfte des Parks – naturnahe Blumenwiesen angelegt. Die extensiven Randbereiche schaffen vielfältige städtische Biotope für Pflanzen und Tiere und helfen auch, den Pflegeaufwand für die Grünfläche zu verringern. Unterschiedliche Rasen- und Wiesengesellschaften erhöhen die Biodiversität ebenso wie die wechselfeuchten Biotope, auf denen das auf den befestigten Flächen anfallende Regenwasser versickert. Bereits im ersten Jahr haben Insekten und Kleintiere, Schlangen und Hasen im Helmut-Zilk-Park eine neue Heimat gefunden.

Helmut-Zilk-Park, Wien

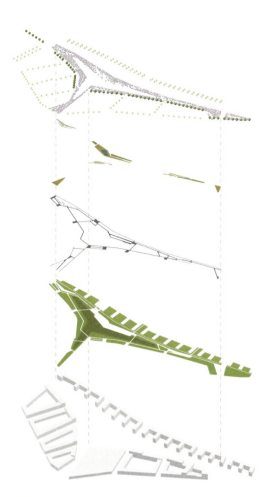

Parkschichten

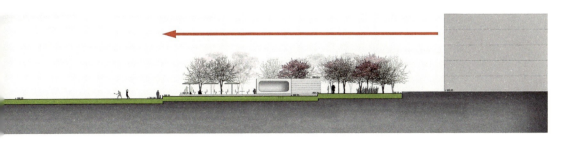

Helmut-Zilk-Park, Wien

Baumkonzept

Randzone Blütenhain
Leitarten:
Fraxinus ornus 'Schmuckesche'
Prunus padus 'Traubenkirsche'
Robin ia pseudoacacia 'Scheinakazie'
Sophora japonica 'Schnurbaum'

Vereinzelt:
Crataegus nonogyna 'Eingriffeliger Weissdorn'
Quercus pubescens 'Flaumeiche'
Sorbus domestica 'Speierling'

Wegbereich Blütenhain
Leitarten:
Magnolia soulangiana 'Tulpenmagnolie'
Malus sylvestris 'Holzapfel'
Pyrus pyraster 'Wildbirne'

Vereinzelt:
Cornus kousa 'Japanischer Blütenhartriegel'
Magnolia kobus 'Kobushi Magnolie'
Syringa vulgaris 'Flieder'

Seniorengarten
Liriodendron tulipifera 'Tulpenbaum'

Sonnenstrasse
Prunus serrulata 'Zierkirsche'

Gemeinschaftsgärten
Paulownia tomentosa 'Paulownie'

Eingangsplätze
Catalpa bignonioides 'Trompetenbaum'

Helmut-Zilk-Park, Wien

Objekt Bahnhofplatz, St. Gallen
Bauherrschaft Stadt St. Gallen;
Schweizerische Bundesbahnen SBB
Auftragsart Wettbewerb 2009
Projekt und Realisation 2010–2019
Fläche 30 000 m^2
Team Giuliani Hönger Architekten, Zürich; Dr. Lüchinger + Meyer Bauingenieure, Zürich; Grünenfelder + Lorenz Bauingenieure und Planer, St. Gallen; Nänny + Partner Bauingenieure und Beratung, St. Gallen; Tiefbauamt Stadt St. Gallen; Caretta + Weidmann Baumanagement, Zürich; GKP Fassadentechnik, Aadorf; Königslicht Lichtplanung, Zürich; Sytek, Binningen; Stadt Raum Verkehr, Zürich
Auszeichnung Schweizerischer Mobilitätspreis Flux 2019

Platz schaffen

Der Bahnhofplatz ist einer der bedeutendsten Stadträume in St. Gallen und eine wichtige Drehscheibe des öffentlichen Verkehrs der Ostschweiz. Die das schmale Hochtal am Rande der Voralpen diagonal durchschneidende Gleisstrecke der Schweizerischen Bundesbahnen SBB stellt Planerinnen und Planer bis heute vor besondere Herausforderungen. Mit dem Wettbewerb von 2009 wurde eine Umplanung von Bahnhof und Bahnhofplatz initiiert, die noch vorhandene Defizite behoben hat.

Der Platz präsentiert sich nun offen und übersichtlich. Er wird von prägnanten, teils denkmalgeschützten Gebäuden gefasst und ist über mehrere Teilbereiche mit der Stadt verknüpft. Der neue ‹Kubus› setzt als zeitgemässe Ankunftshalle ein markantes visuelles Zeichen und schliesst die Lücke zwischen dem historischen Aufnahmegebäude der SBB und dem Rathaus aus den 1970er-Jahren. Nachts ist die nahezu quadratische Stahlkonstruktion mit einer Fassade aus transluzenten Glasschuppen hell illuminiert und sorgt für Orientierung. Eine dezente Fassadenbeleuchtung zeichnet die Konturen des Platzes nach.

Durch eine kompaktere Organisation des öffentlichen Verkehrs sowie eine Neuordnung und Reduktion der Stadtmöblierung entstanden grosszügige Platzräume mit unterschiedlichen Aufenthaltsqualitäten. Der ‹Kubus› bildet den nördlichen Abschluss des langgestreckten Kornhausplatzes, der den Bahnhofplatz im Süden erweitert. Gebäude und Platzfläche sind über eine breite Fussgängerquerung miteinander verbunden. Mit hellgrauen Granitplatten, einem Brunnen, zwei Restaurants und frei verteilten Sitzbänken lädt der

Stadtplatz als zentraler Begegnungsort zum Verweilen unter den neu gepflanzten Bäumen ein. Dabei bleibt ausreichend Raum für temporäre Events. Der Wechsel des Belags von Asphalt zu Naturstein verstärkt die Wahrnehmung des Platzdreiecks als verkehrsfreie Insel im städtischen Treiben. Die Bäume und der helle Belag sorgen auch an heissen Tagen für ein erträgliches Klima.

Die direkt auf das historische Bahnhofsgebäude hinführende Gutenbergstrasse wurde zur Fussgängerzone umgebaut. Im Osten bildet das mit Stauden und Kirschbäumen gefasste Bahnhofpärkli mit seinem kühlenden Brunnen eine grüne Oase. Hier beginnt auch die neue Allee entlang der Poststrasse, die Fussgängerinnen und den öffentlichen Verkehr in die Innenstadt führt – vorbei am blühenden Grabenpärkli. Dieser kleine Park wurde mit einem Brunnen von Roman Signer, Sitzbänken und Staudenpflanzungen aufgewertet und belebt. Damit erhielt der Durchgangsort attraktive Blickpunkte und intime Rückzugsräume. Zusammen mit der Allee ist eine auch aus stadtklimatischer Sicht wertvolle grüne Achse entstanden.

Am nördlichen Ende der neuen Personenunterführung Ost wurden zwei kleine Plätze zum Verweilen und als Eingänge zum Bahnhof geschaffen. So wird auch die Rückseite des Bahnhofsquartiers in den Stadtkontext eingebunden.

Durch die grosszügige Neugestaltung und die verbesserte Vernetzung mit der Stadt wird der Bahnhofplatz seinem Stellenwert als einer der wichtigsten Stadträume von St. Gallen wieder gerecht.

Bahnhofplatz, St. Gallen

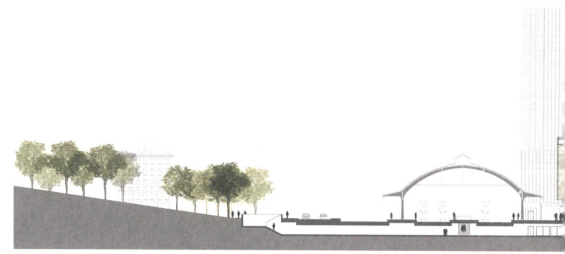

Platzhorizont

1 Bahnhofplatz, 2 Kornhausplatz, 3 Park, 4 Poststrasse, 5 Grabenpärkli

Bahnhofplatz, St. Gallen

Objekt Villes et champs, Genf
Bauherrschaft Kanton Genf
Auftragsart Wettbewerb 2013
Projekt und Realisation 2013–2014
Fläche 3250 m²
Mitarbeit Barbara Piatti, Basel

Sehnsuchts-raum

Im Rahmen des internationalen Gartenfestivals ‹Genève, villes et champs› wurde 2014 mit wenigen Installationen ein Freiraum für die Öffentlichkeit erschlossen. Ein Briefkasten macht auf den versteckten Eingang aufmerksam. Was auf den ersten Blick wie unberührte Natur erscheint, ist ein Stück Brache am Stadtrand von Genf, entstanden aus einer immer wieder aufgefüllten Deponiegrube.

Die Grenzen des Grundstücks wurden mit Wildrosen und Weidensteckhölzern verdichtet, sodass die angrenzenden, heterogenen Bauten kaum mehr sichtbar sind, die Höhenzüge des Jura dafür umso mehr. Wildkräuter locken Kleintiere und Schmetterlinge an, eine Bäckerei streut täglich altes Brot an der Vogeltränke. Das Gezwitscher der Vögel vermag das Rauschen der nahen Autobahn fast zu übertönen. Weidensteckhölzer spenden einer Sitzbank Schatten. Daneben steht eine Kiste mit Gartenbüchern zum Lesen inmitten der Natur oder zum Mitnehmen und Zurücksenden.

Die Bäckereien, eine Schulklasse, der Postbote und das Altersheim haben je eine Digitalkamera erhalten, mit der sie den Garten fotografieren können. Die Bilder laden sie auf ein Blog. Durch das Aufsuchen, das Lesen und das Fotografieren entwickelt sich ein Prozess, der über den physischen Ort hinausweist. Neue Wahrnehmungen und Geschichten entstehen, die Identität nach aussen und nach innen stiften können. Die ursprünglich nur für eine begrenzte Zeit angelegte Garteninstallation besteht bis heute. Aus einem temporären Projekt ist ein öffentlicher Freiraum geworden.

Villes et champs, Genf

Villes et champs, Genf

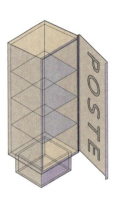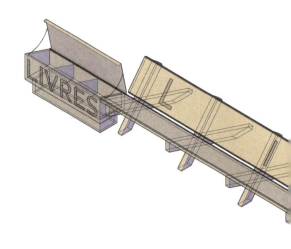

Briefkasten, Bücherkiste, Bank

Interaktionsplan

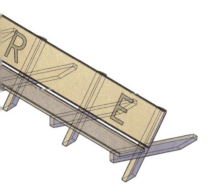

0   50m   N

Villes et champs, Genf   113

Objekt Hinterrheinbrücke, Reichenau
Bauherrschaft Rhätische Bahn, Chur
Auftragsart Wettbewerb 2015
Projekt und Realisation 2016–2019
Fläche 25 000 m²
Team WaltGalmarini, Zürich; Cowi, London; Dissing + Weitling, Kopenhagen

Bauen mit der Landschaft

In Reichenau, am Zusammenfluss von Vorder- und Hinterrhein, ergänzt seit 2019 eine zweite Eisenbahnbrücke die denkmalgeschützte Fachwerkbrücke. Darauf verläuft eine zusätzliche Spur der Albula-Bahnstrecke nach St. Moritz oder durch die Vorderrheinschlucht nach Ilanz. Eigenartige Hügel prägen die Landschaft: ‹Toma› – kegelförmige, aus Bergsturzmaterial entstandene Geländeformen.

Um die neuen Bahnanlagen möglichst harmonisch in die Landschaft einzubetten, wurden rund 30 000 Kubikmeter Hang und eine acht Meter hohe Stützmauer abgebaut und durch eine fein strukturierte, naturnah geformte Böschung ersetzt. Dieser ordnende Eingriff begrenzt die Infrastrukturanlagen räumlich klar und bringt die Brücken vor dem bewaldeten Hintergrund besser zur Geltung. Natur und Umwelt des angrenzenden nationalen Landschaftsschutzgebiets und das geschützte Ortsbild von Schloss Reichenau wurden sowohl ökologisch als auch optisch aufgewertet. Dank direkter Umlagerung der belebten Bodenschicht war die Abbaustelle rasch wieder mit einheimischen Pflanzen bewachsen. Das Aushubmaterial wurde vor Ort für die Dammerweiterung, als Schotter und zur Rekultivierung der angrenzenden Kiesgrube wiederverwendet.

Während die Eingriffe in die Landschaft die natürlichen Geländeformen möglichst fortschreiben, verleugnen die Brückenbestandteile ihre zeitgemässe Gestaltung nicht. Die ‹Sora giuvna›, die ‹jüngere Schwester› der historischen Hinterrheinbrücke, fügt sich elegant und landschaftsverträglich in das einmalige Umfeld ein.

Hinterrheinbrücke, Reichenau

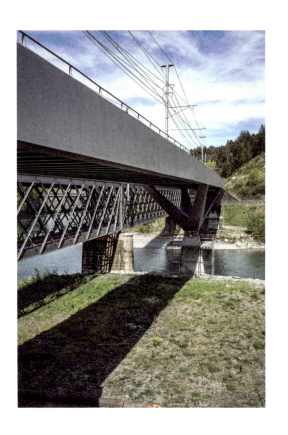

Hinterrheinbrücke, Reichenau

▬ Dammerweiterung (ca. 2145 m³ Aufschüttung, Neubepflanzung mit Wildhecke)
▬ Terrainanpassung (ca. 31 000 m³ Abtrag, Geländemodellierung und Aufforstung)

Erdarbeiten

Hinterrheinbrücke, Reichenau

Objekt Einhausung Grosshofbrücke, Kriens
Bauherrschaft Bundesamt für Strassen Astra
Auftragsart Wettbewerb 2017
Projekt und Realisation 2017–2035
Fläche 80 000 m²
Team ACS Partner, Zürich; Smarch Mathys & Stücheli Architekten, Zürich

Park über Verkehr

Um den Engpass auf der Nationalstrasse zu beseitigen und die Verlagerung des Verkehrs durch die Innenstadt von Luzern zu reduzieren, soll im Westen der Stadt ein neuer Autobahntunnel Richtung Kriens entstehen. Am südlichen Portal wird die heute vierspurige Grosshofbrücke auf acht Spuren erweitert. Das Portal soll zu einem multifunktionalen Bauwerk werden – mit der Autobahn im Zwischengeschoss und einem Park auf dem Dach, von dem aus sich ein spektakulärer Blick auf den Pilatus und das Alpenpanorama bietet. Die neue Brücke wächst als Gebäude aus dem Sonnenberghang hinaus, überspannt die Luzernerstrasse, wird auf der gegenüberliegenden Seite durch die Topografie der Autobahnzufahrt aufgefangen und mündet schliesslich in die südlich angrenzende Tallandschaft.

Das Infrastrukturbauwerk soll zwar als solches gelesen werden, aber trotzdem differenziert auf die städtebaulichen Gegebenheiten reagieren. Der Entwurf sieht vor, die Dachlandschaft am Sonnenberg im Norden mit dem bestehenden Wegsystem zu verknüpfen und so die Verbindung zum Autobahnpark im Süden herzustellen. Die Gestaltung des Dachparks und der daran anschliessenden Freiräume bleibt einfach und zurückhaltend: Artenreiche Wiesen, Wildsträucher und Kleinbäume bilden eine ökologisch wertvolle, offene und extensive Landschaft. Die am Fuss des Sonnenbergs nach Kriens führende Promenade setzt sich unter der Brücke in Form einer dreidimensionalen Spiellandschaft fort. Zur Stadtseite hin als Brückenhaus konzipiert und zur offenen Talseite in die Landschaft übergehend, vermittelt die neue Grosshofbrücke auf allen Ebenen zwischen Bestehendem und Neuem.

Einhausung Grosshofbrücke, Kriens

Grünflächen um die Autobahn

Einhausung Grosshofbrücke, Kriens

Objekt Elbbrücken, Hamburg
Bauherrschaft Billebogen, Hamburg;
Freie Hansestadt Hamburg
Auftragsart Testplanung 2019
Fläche 43 000 m²
Team E2A Architekten, Zürich

Ein Park, der verbindet

Der von den Elbbrücken gebildete Hamburger Stadteingang wird in den kommenden Jahren grundlegend umgebaut. In einer Testplanung wurden Lösungen für die stark veränderte städtebauliche Situation gesucht. Der Entwurf sieht vor, mit präzisen Interventionen und einem grosszügigen Brückenpark beide Seiten der Elbbrücken zusammenzuführen und als neuen grünen Stadteingang zu inszenieren. Menschen und Natur erhalten Raum in der dichter werdenden Stadt, und es wird eine gemeinsame Mitte geschaffen.

Die weitläufige Parkanlage mit attraktiven Promenaden am Wasser bildet das bisher fehlende Verbindungsglied im Freiraumnetz zwischen Hafencity, Entenwerder, Bille und Hammerbrook. Sie verknüpft die Quartiere zu einem ausgedehnten Naherholungsgebiet und bindet über die Elbbrücken auch die Quartiere Veddel und Grasbrook im Süden mit ein.

Entlang des Elbufers erstreckt sich ein Band mit Sportmöglichkeiten, einem gut ausgebauten Fahrradweg sowie Gastronomie- und Fitnessangeboten in den historischen Gebäuden. Ein Uferweg führt entlang der Bille an der Marina des Billhorner Kanals vorbei – mit Sitztreppen, vielleicht einem Flussbad und einem Biergarten. Relikte verschiedener Zeitschichten wie die Oldtimer-Tankstelle, alte Strassenbeläge oder der blaue Hafenkran werden in den Park integriert und verweisen mehr oder weniger subtil auf die wechselhafte Geschichte des Orts.

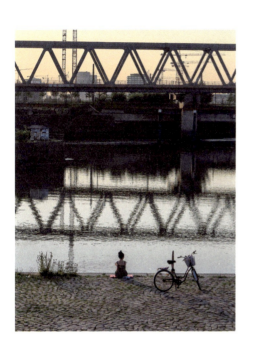

Elbbrücken, Hamburg

//// Grüne Magistrale ▓▓▓ Brückenpark //// Freiraumverbindungen
1 Billhafen Brückenpark, 2 Veddeler Brückenpark

Elbbrücken, Hamburg

Objekt Quartierpark Thurgauerstrasse, Zürich
Bauherrschaft Grün Stadt Zürich
Auftragsart Wettbewerb 2018
Projekt und Realisation 2019–2024
Fläche 16 460 m^2
Team Raumdaten, Zürich; Basler & Hofmann, Zürich; Kerst Beratungen, Uetikon am See

Und plötzlich diese Übersicht

Zürichs Norden verändert sich rasant, allem voran das Quartier Leutschenbach. Im Zuge einer neuen städtischen Wohnüberbauung entsteht der Quartierpark Thurgauerstrasse. Ein Rahmen aus unterschiedlich dichten, einheimischen Bäumen fasst die zentrale Lichtung des Parks ein. Sie sind so gesetzt, dass von den bestehenden wie auch von den Wohnlagen immer wieder Ein- und Ausblicke möglich sind.

Der neue Quartierplatz liegt am Schnittpunkt der Haupterschliessungswege. Er hebt sich als flächiges Plateau von der Parklichtung ab. Das markante Gebäude des ‹Alten Schützenhauses› steht bewusst im Fokus. Es soll saniert und danach als Veranstaltungsort genutzt werden und kann auch ein Parkcafé aufnehmen. An der Thurgauerstrasse öffnet sich der Baumrahmen und bildet einen grosszügigen Eingangsbereich, der den Park an dieser wichtigen Stadtmagistrale verankert. Auf der anschliessenden Wiese befindet sich am tiefsten Punkt des Parks ein Retentionsbereich zur Sammlung des anfallenden Meteorwassers. Das macht das Parkelement Wasser erlebbar.

Das einfache Grundgerüst des Parks ermöglicht eine vielfältige und flexible Nutzung. Die konkrete Ausgestaltung und Bespielung wird in einem fortlaufenden Beteiligungsprozess bestimmt. Dabei spielt die Wechselwirkung zwischen Grundgerüst – etwa Bäume, Wege, Topografie, Sportfeld, Schützenhaus und Wiese – und variablen Bereichen – jene Räume im Park, deren Nutzung und Gestaltung noch nicht festgelegt sind und die nach der Eröffnung von den Nutzerinnen und Nutzern weiterentwickelt werden können – eine zentrale Rolle.

Quartierpark Thurgauerstrasse, Zürich

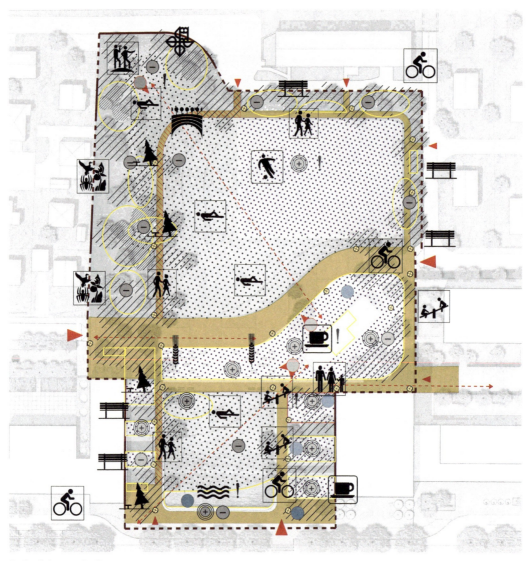

Gender-Mainstreaming/Nutzergruppen

- - - - Parkränder überblickbar
——— Parkränder nicht überblickbar
▶ Parkeingänge
  Erschliessungsflächen
- -▶ wichtige Blickachsen
○ Überblick/Aussicht

⊖ Rückzugsbereich, ruhiger Aufenthalt
⊙ Raum für bewegungsintensive Aktivitäten
● Wasser
▭ veränderbare Räume/
  Areal für Mitwirkung
⊗ Beleuchtung

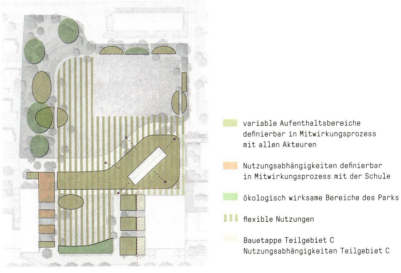

- variable Aufenthaltsbereiche definierbar in Mitwirkungsprozess mit allen Akteuren
- Nutzungsabhängigkeiten definierbar in Mitwirkungsprozess mit der Schule
- ökologisch wirksame Bereiche des Parks
- ||| flexible Nutzungen
- Bauetappe Teilgebiet C
  Nutzungsabhängigkeiten Teilgebiet C

Mitwirkung und Parkgerüst

Quartierpark Thurgauerstrasse, Zürich

Objekt Elinor-Ostrom-Park, Wien
Bauherrschaft Wien 3420
Auftragsart Wettbewerb 2017
Projekt und Realisation seit 2018
Fläche 40 900 m²

Grüner Salon unter der Bahn

Elinor-Ostrom-Park, Wien

Elinor-Ostrom-Park, Wien

Im Südosten Wiens entsteht in der neuen ‹Seestadt Aspern› der Elinor-Ostrom-Park. Ein heterogener Baumrahmen rund um den Park definiert eine sich weitende und wieder verengende Lichtung, die den Blick auf die Hochbahn und die umgebenden Stadträume freigibt. Die Offenheit der Lichtung schafft einen wohltuenden Gegenpol zur Dichte des Parkrands. Dort, wo die Wohnlagen direkt an die Hochbahn grenzen, werden alternierend lockere Reihen aus säulenförmigen Bäumen angeordnet. Im südlichen Abschnitt der Lichtung ist eine Schatten spendende Pergola verankert, von der aus der Blick über die Lichtung zum nahen See schweift. Der an seinem Ufer liegende Lina-Bo-Bardi-Platz bildet den Übergang zur Seepromenade.

Der Park rückt die urbane Struktur der Hochbahn in den Fokus, die als räumliches Rückgrat alle Parkbereiche miteinander verbindet. Der Raum unter der Bahn wird mit seinem charakteristischen Farbton zum ‹Grünen Salon›. Diese Nutzungswelt mit ganz eigener Ausstrahlung entwickelt sich zu einer wichtigen Attraktion des Parks und soll vielfältige Bewegungsmöglichkeiten von Bouldern über Parkour bis hin zu einem Fahrradspielplatz anbieten. Hinter jeder Aktivität stehen Nutzergruppen, die schon vor dem Wettbewerb in den Planungsprozess eingebunden wurden.

Der Baumrahmen, die Lichtung und die Nutzungsmeile unter der Hochbahn bilden zusammen eine robuste räumliche Grundstruktur. Der Park kann mit der Stadt wachsen und auf zukünftige Veränderungen der sich ständig wandelnden Stadtgesellschaft gelassen reagieren.

Nutzungsverteilung

Elinor-Ostrom-Park, Wien

Öffentliche Räume Seestadt Aspern

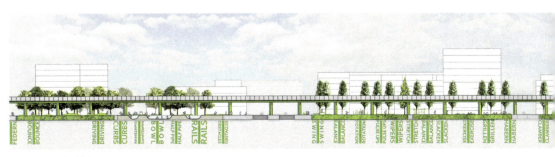

Längsschnitt Hochbahn

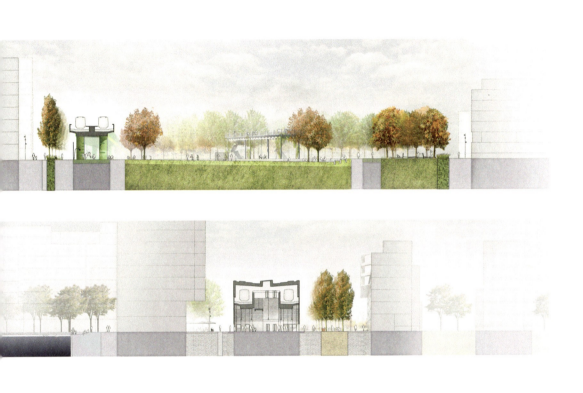

Elinor-Ostrom-Park, Wien

Objekt Bahnhofplatz, Freiburg
Bauherrschaft Stadt Freiburg
Auftragsart Wettbewerb 2016
Projekt und Realisation seit 2017
Fläche 22 870 m²
Team Atelier für Städtebau Van de Wetering, Zürich;
Basler & Hofmann, Zürich

Am Brunnen vor dem Tore

Mit dem Abbruch des Bahnhofvordachs bot sich der Stadt Freiburg die einmalige Gelegenheit, aus dem Bahnhofplatz ein zeitgemässes Stadtentrée zu machen und im gleichen Zug dem Jo-Siffert-Brunnen von Jean Tinguely einen würdigen Rahmen zu geben.

Die grosszügige Platzgeste zwischen zwei Hochhäusern bringt die ausgewogenen Proportionen des alten und des neuen Bahnhofs mit ihren Vorplätzen wieder zum Vorschein. Ein durchgängiger Bodenbelag verbindet die beiden Bereiche miteinander und fasst sie zu einem offenen Stadtplatz zusammen. In diesem betont übersichtlichen Stadtraum kann die ‹Fontaine Jo Siffert› prominent in Szene gesetzt werden. In einen Hain mit hochstämmigen Bäumen wird ein Pavillon mit Kiosk und Blumenladen integriert. Die Umgestaltung der Bahnhofstrasse und ihre Inszenierung als Boulevard wertet den neuen Bahnhofplatz zusätzlich auf. Mit differenzierten Aufenthaltsqualitäten geht er auf die unterschiedlichen Bedürfnisse sowohl der Quartierbewohner als auch der Reisenden und der Pendlerinnen ein.

Bahnhofplatz, Freiburg

‹Fontaine Jo Siffert› von Jean Tinguely

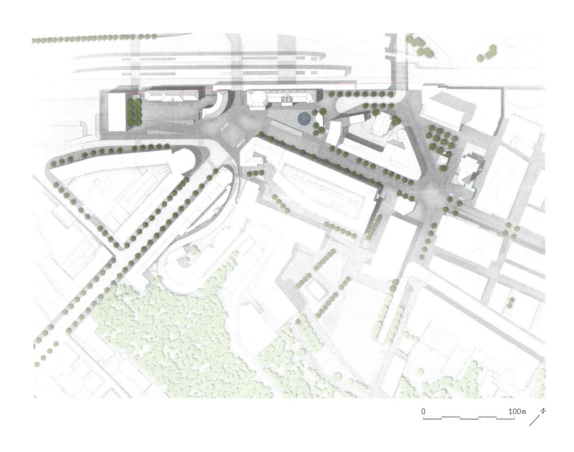

0　　100m

Avenue de la Gare

Platzabfolge

Bahnhofplatz, Freiburg

Objekt Maag-Areal, Zürich
Bauherrschaft Swiss Prime Site Immobilien, Zürich
Auftragsart Studienauftrag 2019
Projekt und Realisation 2021–2025
Fläche 3500 m²
Team Sauerbruch Hutton, Berlin; Werner Sobek, Berlin; Itten + Brechbühl, Zürich; Amstein + Walthert, Zürich

Hitzewandel

Der Prime Tower am Verkehrsknotenpunkt Hardbrücke in Zürich West ist bis heute der sichtbarste Zeuge für die Transformation des Maag-Areals vom Industriestandort zu einem gemischt genutzten Quartier. Bei der Weiterentwicklung der benachbarten Baufelder galt es, den ‹Genius Loci› des Bestands zu respektieren und gleichzeitig einen lebendigen Ort zu kreieren, der auch zukünftigen Nutzungsansprüchen gewachsen ist. Die im Rahmen eines Studienauftrags vorgeschlagenen drei Solitärbauten – ein Wohnturm, ein neues Kulturhaus und ein denkmalgeschütztes Industriegebäude – lassen einen Quartierplatz entstehen, der zum Verweilen einlädt, aber auch als Verbinder und Verteiler für den Langsamverkehr vom und zum Bahnhof Hardbrücke dient.

Die auf dem gesamten Areal vorgesehene Verdichtung des Grüns wird um das ganze Teilgebiet herum aufgenommen. Der neue Quartierplatz wird mit einem Hain aus einheimischen Baumarten bepflanzt, dessen grünes Dach das Mikroklima und die Aufenthaltsqualität wesentlich verbessert. Die Bäume wachsen auf einer zusammenhängenden Platzfläche mit versickerungsfähigen Belägen, die eine das Wasser zurückhaltende Schicht über der Tiefgarage bildet. Der kühlende Schatten der Bäume bietet sich für vielfältige Nutzungen an. Im Gegensatz zur extensiven Dachbegrünung auf dem historischen Gebäude wird das Dach des Wohnturms mit dichter Vegetation bepflanzt. Damit wird ein weiterer halböffentlicher Aussenraum im Schatten von Bäumen geschaffen, der zugleich als Sichtschutz gegenüber dem deutlich höheren Prime Tower dient.

Maag-Areal, Zürich

Lufttemperatur am Nachmittag 28–31°C
Lufttemperatur am Abend 25–27°C
Lufttemperatur am frühen Morgen 20–24°C

Maag-Areal, Zürich

Werkverzeichnis 1986–2021

(Auswahl)

Garten Villa Bleuler, Zürich
Bauherrschaft Grün Stadt Zürich
Auftragsart Parkpflegewerk
mit Folgeaufträgen 1986
Projekt und Realisation 1986, 1992–1993
Fläche 6800 m²

Barockgarten Palais Rechberg, Zürich
Bauherrschaft Hochbauamt Kanton Zürich
Auftragsart
Parkpflegewerk mit Folgeaufträgen 1986
Projekt und Realisation 1986–2014,
in Etappen
Fläche 7600 m²
Team Nicole Newmark (Blumen); Stefan Ineichen (Ökologie); Christa Ebnöther (Archäologie)

Stadträume Glattpark, Opfikon
Bauherrschaft Stadt Opfikon
Auftragsart Wettbewerb 2001
Projekt und Realisation seit 2001,
in Etappen
Fläche 7 ha

Gleisbogen, Zürich
Bauherrschaft Grün Stadt Zürich
Auftragsart Wettbewerb 2003
Projekt und Realisation 2003–2015,
in Etappen
Fläche 2 ha
Team Huggenbergerfries Architekten, Zürich; Aerni + Aerni Ingenieure, Zürich; Beat Zoderer, Künstler, Wettingen; Vogt & Partner Lichtplanung, Winterthur

**Barockgarten
Beatrice von Wattenwyl, Bern**
Bauherrschaft Bundesamt für Bauten und Logistik
Auftragsart Parkpflegewerk mit Folgeaufträgen 1997
Projekt und Realisation 1997, 2011–2012
Fläche 1400 m²
Team Xeros Landschaftsarchitektur (Bauleitung), Bern

Barockgarten Altes Gebäu und Fontanapark, Chur
Bauherrschaft Gartenbauamt Stadt Chur
Auftragsart Parkpflegewerk mit Folgeaufträgen 1998
Projekt und Realisation 1998, 2005–2006
Fläche 4500 m²

Fachhochschulzentrum, St. Gallen
Bauherrschaft Kanton St. Gallen
Auftragsart Wettbewerb 2002
Projekt und Realisation 2004–2013
Fläche 1200 m²
Team Giuliani Hönger Architekten, Zürich

Privatgarten J., Berlin (D)
Bauherrschaft privat
Auftragsart Direktauftrag 2006
Projekt und Realisation 2006–2008
Fläche 600 m²
Team Bfs Design Thomas Brakel, Berlin

Werkverzeichnis 1986–2021

Rudolf-Bednar-Park, Wien (A)
Bauherrschaft Magistrat 42
Wiener Stadtgärten
Auftragsart Wettbewerb 2006
Projekt und Realisation 2006–2008
Fläche 3 ha

Pflegezentrum Mattenhof, Zürich
Bauherrschaft Amt für Hochbauten
Stadt Zürich
Auftragsart Wettbewerb 2005
Projekt und Realisation 2006–2010,
in Etappen
Fläche 24 000 m^2
Team Metron Architektur, Brugg

Energiezentrale Forsthaus, Bern
Bauherrschaft Energie Wasser Bern
Auftragsart Wettbewerb 2005
Projekt und Realisation 2008–2013
Fläche 11 750 m^2
Team Graber Pulver Architekten, Zürich

Landschaftspark Elfenau, Bern
Bauherrschaft Immobilien Stadt Bern;
Stadtgrün Bern
Auftragsart denkmalpflegerisches
Gutachten mit Folgeaufträgen 2008
Projekt und Realisation seit 2008,
in Etappen
Fläche 40 ha

Ortszentrum und Zentralstrasse, Neuhausen am Rheinfall
Bauherrschaft Gemeinde Neuhausen am Rheinfall
Auftragsart Wettbewerb 2006
Projekt und Realisation 2006–2011
Fläche 11 500 m²
Team Suter von Känel Wild, Zürich; Wüst Rellstab Schmid WRS, Schaffhausen

Parkpflegewerk Halbinsel Buonas, Risch
Bauherrschaft F. Hoffmann-La Roche
Auftragsart Parkpflegewerk 2005
Projekt und Realisation seit 2006, in Teilprojekten
Fläche 30 ha
Team Dendrodata, Beinwil; SIT Baumpflege, Aarau

Grünprojekt 2011, Horb am Neckar (D)
Bauherrschaft Grosse Kreisstadt Horb am Neckar
Auftragsart Wettbewerb 2008
Projekt und Realisation 2009–2011
Fläche 18 ha

Wohnüberbauung Suurstoffi, Rotkreuz
Bauherrschaft Zug Estates
Auftragsart Studienauftrag 2009
Projekt und Realisation 2009–2013
Fläche 30 ha
Team Holzer Kobler Architekturen, Zürich; Lussi + Halter Architekten, Luzern; Rothpletz, Lienhard + Cie, Zürich; Sulzer + Buzzi Baumanagement, Zug

Werkverzeichnis 1986–2021

Zentrum, Bassersdorf
Bauherrschaft Gemeinde Bassersdorf
Auftragsart Wettbewerb 2004
Projekt und Realisation 2009–2015
Fläche 3900 m²
Team Durrer Linggi Architekten, Zürich;
Meierpartner Architekten, Wetzikon

Innenhof des Bundestags, Berlin (D)
Bauherrschaft Bundesrepublik Deutschland vertreten durch das Bundesamt für Bauwesen und Raumordnung
Auftragsart Wettbewerb 2010
Projekt und Realisation 2010–2012
Fläche 5600 m²
Team Beat Zoderer, Künstler, Wettingen

Gärten Museum Johann Jacobs, Zürich
Bauherrschaft Jacobs Foundation
Auftragsart Direktauftrag 2011
Projekt und Realisation 2011–2012
Fläche 1800 m²
Team Miller & Maranta, Basel

Bundesplatz, Zug
Bauherrschaft Neue Warenhaus AG
Auftragsart Direktauftrag 2011
Projekt und Realisation 2011–2013
Fläche 4760 m²
Team Burckhardt + Partner
Architekten, Zürich

Zellweger Park, Uster
Bauherrschaft Immopoly
Auftragsart Wettbewerb 2009
Projekt und Realisation 2010–2013
Fläche 10 600 m²
Team Gigon Guyer Architekten, Zürich; Herzog & de Meuron Architekten, Basel; Pfister Schiess Tropeano & Partner Architekten, Zürich

Musée d'ethnographie MEG, Genf
Bauherrschaft Ville de Genève
Auftragsart Direktauftrag 2010
Projekt und Realisation 2010–2014
Fläche 2500 m²
Team Graber Pulver Architekten, Zürich; Weber + Brönnimann, Bern; Acau architecture, Carouge-Genève

Seegartenstrasse, Horgen
Bauherrschaft Specogna Immobilien, Kloten
Auftragsart Honorarofferte 2011
Projekt und Realisation 2011–2014
Fläche 13 500 m²
Team Wild Bär Heule Architekten, Zürich; Balzer Ingenieure, Winterthur; Werubau, Meilen

Eigerplatz, Bern
Bauherrschaft Stadt Bern; Bernmobil; Energie Wasser Bern
Auftragsart Wettbewerb 2010
Projekt und Realisation 2011–2017
Fläche 26 000 m²
Team Giuliani Hönger Architekten, Zürich; B & S Ingenieure & Planer, Bern; Kontextplan, Bern

Werkverzeichnis 1986–2021

Themengärten und Mensa Kantonsschule, Chur
Bauherrschaft Hochbauamt Graubünden
Auftragsart Direktauftrag 2011
Projekt und Realisation 2011–2018, in Etappen
Fläche 9000 m^2
Team Pablo Horváth, Chur; Andy Senn, St. Gallen

Städtische Bibliothek, Heidenheim (D)
Bauherrschaft Stadt Heidenheim
Auftragsart Wettbewerb 2013
Projekt und Realisation 2013–2017
Fläche 2600 m^2
Team Max Dudler Architekten, Berlin

Science Center Experimenta, Heilbronn (D)
Bauherrschaft Schwarz Real Estate, Neckarsulm
Auftragsart Wettbewerb 2013
Projekt und Realisation 2014–2019
Fläche 10 300 m^2
Team Sauerbruch Hutton, Berlin; Schlaich Bergmann und Partner SBP, Stuttgart

Bahnhofareal, Bad Salzungen (D)
Bauherrschaft Stadt Bad Salzungen
Auftragsart Verfahren nach Vergabeverordnung 2014
Projekt und Realisation 2014–2020
Fläche 14 500 m^2
Team Vössing Ingenieure, Düsseldorf; Büro Roosgrün, Weimar; Wittig & Rietig, Weimar; Burkhard Wand Lichtplanung, Hamburg

The Circle, Flughafen Zürich
Bauherrschaft Flughafen Zürich;
HRS Real Estate
Auftragsart Direktauftrag durch
Gesamtplaner 2013
Projekt und Realisation 2013–2021
Fläche 10 500 m²
Team Riken Yamamoto Architekt, Tokio

Wohnanlage Pasteurstrasse, Berlin (D)
Bauherrschaft Interessengemeinschaft
Pasteurstrasse
Auftragsart Direktauftrag 2014
Projekt und Realisation 2014–2016
Fläche 3100 m²
Team Zanderroth Architekten, Berlin

**Grün- und Freiraumkonzept,
Rapperswil-Jona**
Bauherrschaft Stadt Rapperswil-Jona
Auftragsart Honorarofferte 2015
Projekt und Realisation 2015–2017
Fläche 22 km²

Schulhaus Chrüzacher, Bassersdorf
Bauherrschaft Politische Gemeinde
Bassersdorf
Auftragsart Wettbewerb 2014
Projekt und Realisation 2015–2017
Fläche 11 400 m²
Team Horisberger Wagen Architekten,
Zürich; Ingenieurbüro K. Dillier,
Seuzach; Timbatec Holzbauingenieure,
Zürich; Strabag, Schlieren

Werkverzeichnis 1986–2021

Stadtraumkonzept, Luzern
Bauherrschaft Stadt Luzern,
Amt für Städtebau
Auftragsart Honorarofferte 2015
Projekt und Realisation 2015–2018
Fläche 29 km^2
Team Urbanplus Architektur, Zürich;
Bosshard & Luchsinger Architekten, Luzern;
Zimraum Raum + Gesellschaft, Zürich

Asternplatz, Berlin (D)
Bauherrschaft Berliner Bau- und
Wohnungsgenossenschaft von 1892
Auftragsart Direktauftrag 2015
Projekt und Realisation 2015–2019,
in Etappen
Fläche 16 000 m^2
Team Gneise Planungs- und Beratungs-
gesellschaft, Berlin

Promenade II, St. Peter-Ording (D)
Bauherrschaft Tourismus-Zentrale
St. Peter-Ording
Auftragsart Verfahren nach Vergabe-
verordnung 2016
Projekt und Realisation 2016–2021
Fläche 57 000 m^2
Team Holzer Kobler Architekturen, Berlin;
Christian Gerstenkorn, Bauleitung, Reinbek

Botanischer Garten Dahlem, Berlin (D)
Bauherrschaft Freie Universität Berlin,
Zentraleinrichtung Botanischer
Garten und Botanisches Museum
Auftragsart Verfahren nach Vergabe-
ordnung für freiberufliche Leistungen 2016
Projekt und Realisation 2016–2023
Fläche 8 ha
Team Heneghan Peng Architects, Berlin;
Irriproject, Potsdam; Tim Meier, Halle (Saale)

Schulhaus Looren, Zürich
Bauherrschaft Amt für Hochbauten, Stadt Zürich
Auftragsart Wettbewerb 2013
Projekt und Realisation 2015–2019
Fläche 17 000 m²
Team Horisberger Wagen Architekten, Zürich; Prof. Dr. Udo Weilacher, München; b + p Baurealisation, Zürich; Eichenberger Ingenieure, Zürich; Timbatec Holzbauingenieure, Zürich

Bahnhofplatz, Wittstock / Dosse (D)
Bauherrschaft Stadt Wittstock an der Dosse
Auftragsart Verfahren nach Vergabeverordnung 2016
Projekt und Realisation 2016–2019
Fläche 3850 m²
Team Hoffmann Leichter Ingenieurgesellschaft, Berlin

Vierspurausbau, Liestal
Bauherrschaft Schweizerische Bundesbahnen SBB
Auftragsart Direktauftrag 2016
Projekt und Realisation 2016–2025
Fläche 55 700 m²
Team Locher Ingenieure, Zürich; Bänziger Partner, Zürich; Wild Ingenieure, Küsnacht; Cometti Truffer Hodel Architekten, Luzern

Einhausung Schwamendingen, Zürich
Bauherrschaft Bundesamt für Strassen
Auftragsart Planersubmission 2016
Projekt und Realisation seit 2016
Fläche 39 000 m²

Werkverzeichnis 1986–2021

Kantonsspital, Baden
Bauherrschaft Kantonsspital Baden
Auftragsart Wettbewerb 2015
Projekt und Realisation seit 2016
Fläche 38 000 m²
Team Nickl & Partner Architekten, Zürich; Amstein + Walthert, Zürich; Leonhardt, Andrä und Partner, Stuttgart; Blesshess, Luzern

Freiraum- und Naturschutzkonzept 3Land, Basel
Bauherrschaft IBA Basel 2020
Auftragsart Honorarofferte 2017
Projekt und Realisation 2017–2018
Fläche 420 ha
Team Trinationales Umweltzentrum, Weil am Rhein

Bahnhofplatz, Wil
Bauherrschaft Stadt Wil
Auftragsart Wettbewerb 2018
Projekt und Realisation seit 2018
Fläche 2,5 ha
Team Cometti Truffer Hodel Architekten, Luzern; Basler & Hofmann Ingenieure, Zürich; Brühwiler, Wil

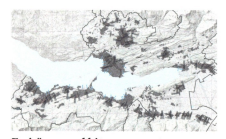

Freiräume und hitzeangepasste Siedlungsentwicklung, Agglo Obersee
Bauherrschaft Verein Agglo Obersee
Auftragsart Honorarofferte 2019
Projekt und Realisation 2019
Fläche 237 km²
Team ETH Zürich, Chair of Building Physics

Seezugang Lido, Rapperswil-Jona
Bauherrschaft Stadt Rapperswil-Jona
Auftragsart Wettbewerb 2012
Projekt und Realisation 2017–2020
Fläche 34 000 m^2
Team Meletta Strebel Architekten, Zürich; Staubli, Kurath und Partner, Zürich

Wohnüberbauung Carantec, Grand-Saconnex
Bauherrschaft Ville de Grand-Saconnex
Auftragsart Wettbewerb 2017
Projekt und Realisation seit 2017
Fläche 25 000 m^2
Team Groupe 8, Carouge; Thomas Jundt ingénieurs civils, Carouge

Agglo Werdenberg-Liechtenstein
Bauherrschaft Verein Agglo Werdenberg-Liechtenstein
Auftragsart Honorarofferte 2020
Projekt und Realisation 2020–2021
Fläche 374 km^2
Team ETH Zürich, Chair of Building Physics; Mep Akustik + Bauphysik, Luzern

Neuer Spreepark, Berlin (D)
Bauherrschaft Grün Berlin
Auftragsart Verfahren nach Vergabeverordnung 2020
Projekt und Realisation 2020–2026
Fläche 21 ha
Team Dan Pearlman Erlebnisarchitektur, Berlin

Werkverzeichnis 1986–2021

Standort Zürich 2021
Désirée Ackermann
Andreas Albrecht
Patrick Altermatt
Anja Amacher
Kirsten Bachmeier
Oliver Bütikofer
Isodoro Casas
Aleth de Crécy-Koch
Annika Dennler
Yvonne Fischer
Karen Flügel
Susanne Füge
Gregor Fürniss
Dominik Furtner
Isabelle Garcia
Paolo Gremli
Guido Hager
Laura Helbling
Inès Jomni
Clemens Kluska
Eva Kreileder
Karol Kruk
Joanna Lerch
Lörinc Marton
Jasmin Menzi-Bregy
Heike Ohlendorf
Simon Paulais
Rémi Pernet-Mugnier
Pascal Posset
Joanna Pracka
Vera Rodel
Nina Rohde
Monika Rothenberger
Miguel Sánchez
Nicolas Sauter
Mirjam Scharnofske
Monika Schenk
Fecir Semi
Claudia Severin
Jürg Siegenthalter
Margit Thalhammer
Anna Vogt
Thomas Wachter
Kinga Wenz
Hannah Wismer
Nina Ziegler
Gilliane Zimmermann

1984 eröffnet Guido Hager eine Einzelfirma unter seinem Namen. 2000 gründet er mit Patrick Altermatt die Hager Partner AG, bei der Pascal Posset 2007 weiterer Partner wird. Die drei Partner eröffnen 2012 eine Filiale in Berlin. 2018 wird die Geschäftsleitung um Monika Schenk, Andreas Kotlan und Andreas Albrecht erweitert. Im selben Jahr übernimmt Patrick Altermatt die Geschäftsführung. Eine weitere Filiale eröffnet 2021 in Stuttgart.

Im Zentrum der Arbeit der Hager Partner AG stehen Freiräume, die wir für den Menschen und seine vielfältigen Bedürfnisse schaffen. Wir möchten Orte entstehen lassen, die durch eine einfache Gestaltung eine starke Stimmung vermitteln und dem Menschen auf diese Weise einen Mehrwert bieten. Oft steht die Pflanze im Mittelpunkt, allen voran der Baum. Dabei geht es nicht nur um gestalterische Fragen, sondern auch darum, verantwortungsvoll mit den uns zur Verfügung stehenden Ressourcen umzugehen und klimaresiliente Räume zu schaffen. Als erstes klimaneutrales Landschaftsarchitekturbüro nehmen wir unsere Verantwortung ernst und geben ihr durch unser Handeln einen adäquaten Rahmen. Mit dieser Grundhaltung konnten wir zahlreiche Projekte im In- und Ausland erfolgreich planen, entwickeln und umsetzen.
www.hager-ag.ch

Standort Berlin 2021
Felix Bachmann
Gülhan Bingöl
Svetlana Bitsulya
Anna Buchwald
Fabian Fieweger
Iris Haake
Lisa Hankow
Anne Heinrichs
Josephine Hutton
Andreas Kotlan
Julia Kupich-Röder
Cosima Lang
Anne Pahlow
Anne Raussendorf
Sara Rusch
Xiao Zhang
Zhenting Zheng

Standort Stuttgart 2021
Hee Jin Chang
Raphael Kugler
Dali Si
Mateusz Zewergs

Bildnachweis
Archäologisches Museum Hamburg,
Conrad Buno / Caspar Merian S.85o.
Baugeschichtliches Archiv der Stadt
Zürich S.24u.l.
Nikolai Benner S.172o.r.,173o.r.
Birdviewpicture GmbH
S.28/29,34/35,36u.,42
Bloomimages GmbH S.171o.1.,174o.1.
Dome Visual GmbH S.174u.1.
E2A / Piet Eckert und Wim Eckert
Architekten S.131u.
Robin Foster Photography S.164o.r.,
164u.r.,167o.r.
Jens Gehrcken Visualisierung +
Architekturfotografie S.142/143,144/145
Thomas Germann (Skizze) S.43m.
Greenpass – powered by ENVI-met S.161
Hager Partner AG S.24o.,24m.,25,39,
43u.,44u.r.,46u.,58,59,66,67,76u.,77,
84,85u.,94/95,96,104/105,109,110,111,
112,113,120,121,126,127o.,131o.1.,
131o.r.,132,133,138,139,147,148,149,153,
154,155,159,164o.1.,164u.1.,165o.1.,
165o.r.,166o.1., 166.o.r.,166u.r.,
167o.1.,167u.1.,167u.r.,168o.1.,168o.r.,
168u.1.,168u.r.,169o.1.,169o.r.,169u.1.,
170o.1.,170u.r.,171o.r.,171u.1.,172o.1.,
172u.1.,173o.1.,173u.1.,174o.r.,174u.r.,
175o.1.,175u.1.,179o.
Katrin Hammer S.73,741.,74/75m.
Michael Haug Umschlagbild,S.21,23,
26,27,36o.,37,38 (Candrian Catering),
41,46o.
Heneghan Peng Architects S.172u.r.
Hannes Henz S.166u.1.
Hofer & Burger S.43o.
Andreas Huber S.55,56,57
Hertha Hurnaus S.50/51,91,93,97
Hanns Joosten S.45u.,70/71,75r.,
81,82,83,86/87
Daniel Kessler S.63,165u.1.,
169u.r.,171u.r.
Annette Kisling S.165u.r.
Aurel Martin S.44o.,64,65
Nightnurse Images AG S.125,127u.
Prof. Dr. Georg Pniower, Bezirksamt
Treptow-Köpenick S.76o.

Evelyn Quarz S.179u.
Stephan Rappo S.7,176/177
Raumgleiter AG S.173u.r.
Nelly Rodriguez S.47,48,102,103,117,
118,119
Sauerbruch Hutton S.160
Frank Sperling S.175u.r.
Thomas Sponti S.175o.r.
Staatsarchiv Hamburg,
Melchior Lorichs S.45o.
Matt Stark Photography S. 170o.r.,
170u.1.
Usteri, A.: Führer durch die Quaianlagen
in Zürich, 1898 S.44u.1.
Werk3 Architekturvisualisierungen S.137

Impressum
Herausgeber Hager Partner AG,
hager-ag.ch
Redaktion Roderick Hönig
Texte Erik Ott
Lektorat und Produktion Linda Malzacher
Korrektorat Dominik Süess
Grafisches Konzept Barbara Schrag
Layout Tamaki Yamazaki
Lithografie, Druck und Bindung DZA
Druckerei zu Altenburg (D)
Verlag Edition Hochparterre,
Ausstellungsstrasse 25, CH-8005 Zürich
+41 44 444 28 88, verlag@hochparterre.ch,
edition.hochparterre.ch

1. Auflage © Edition Hochparterre, 2021
ISBN 978-3-909928-69-9